Das
Unzüchtige und die Kunst.

Eine juristische Studie
für
Juristen und Nichtjuristen

von

Dr. Johann Lazarus,
Landgerichtsrat a. D.

Berlin 1909.
J. Guttentag, Verlagsbuchhandlung,
G. m. b. H.

Vorwort.

Was ich im folgenden biete ist, wie der Titel besagt, nichts als eine juristische Abhandlung. Aber die Begrenzung meines Versuchs habe ich in einem nichtjuristischen Gedanken gefunden. Ich gehe einem strafrechtlichen Begriffe, dem des Unzüchtigen, nach, soweit er für die Kunst — die Dichtkunst wie die bildende Kunst — Interesse hat. Ich habe mir also meine Aufgabe als Nichtjurist ausgesucht, und sie als Jurist behandelt. Das erstere habe ich getan, weil mich nicht sowohl das Wesen des Unzüchtigen, sondern die Frage interessierte, ob und wieweit die Kunst durch diesen strafrechtlichen Begriff eingeschränkt wird, ein Interesse, das ich mit vielen gemeinsam habe, die wie ich die Kunst lieben und ohne sie nicht leben möchten. Diese Frage kann nur der Rechtskundige behandeln, denn nur er hat den festen Boden, den die Rechtswissenschaft der Gesetzesanwendung bietet, unter den Füßen. Er würde ihn aber sofort verlieren, wenn er sich von seiner Wissenschaft, „den festen Wurzeln seiner Kraft", entfernte und sich in Gebiete begäbe, wo er Laie oder Dilettant ist, die Gebiete der Kunstwissenschaft oder der Ästhetik. Ich habe mir ein abschreckendes Beispiel genommen an jenem Urteil des Seine-Tribunals vom 7. Februar 1857 über Flauberts „Madame Bovary", das in seiner Begründung den Satz enthält „La mission de la littérature doit être d'orner et de récréer l'esprit etc.". Mag das Pariser Gericht die Aufgabe der Literatur richtig oder falsch beurteilt haben — die Aufgabe der Rechtsprechung hat es jedenfalls verkannt. Darum habe ich mich bemüht, nur das auszuführen, was mit jeder Auffassung vom Wesen und Zweck der Kunst vereinbar ist.

Wenn ich also auch nur als Jurist das Wort nehme, so bringt es doch die nichtjuristische Begrenzung meiner Aufgabe mit sich, daß ich nicht nur für Juristen schreibe, sondern für alle, die mit mir dasselbe Interesse an der Kunst haben. Ich war daher nach Kräften bemüht, gemeinverständlich zu schreiben, und habe vieles rein Juristische in die Anmerkungen verwiesen, die ich, um den nichtjuristischen Leser nicht zu stören, am Schlusse zusammengestellt habe. Einiges, was für Rechtskundige als bekannt vorauszusetzen wäre, habe ich dagegen im Text behandelt, und ich bitte daher meine Fachgenossen, solche Stellen, die sie ja sofort herausfinden werden, zu überschlagen.

Meine Begrenzung gibt zugleich die Rechtfertigung meiner Arbeit. Denn wenn auch vieles, was sie berührt, schon früher behandelt worden ist, zum Teil in hervorragenden Schriften, so fehlt es doch an einer eingehenden Bearbeitung des Verhältnisses der Kunst, und zwar der gesamten Bild- und Dichtkunst, zum gesetzlichen Begriffe des Unzüchtigen. Die bisherige Literatur hierüber befaßt sich entweder nur mit Schriftwerken, dann aber mit solchen von aller, auch wissenschaftlicher Art, oder sie behandelt ein beschränktes Thema im Gebiete der gesamten Kunst. So dürfte denn auch meine Arbeit ihre Daseinsberechtigung haben, um so mehr, als die Fragen, die sie behandelt, ein weites räumliches und zeitliches Gebiet umfassen. Denn nicht nur in Deutschland, auch in vielen fremden Ländern kennt die Strafgesetzgebung den Begriff des Unzüchtigen, und nicht nur in unserm geltenden Strafgesetzbuch hat er seinen Platz, sondern er wird, soweit menschliche Voraussicht reicht, auch noch in dessen Nachfolgern sich wiederfinden.

Nun noch ein kurzes Wort über den Erfolg meiner Bemühung. Wenn ich oben gesagt habe, daß mich meine Liebe für die Kunst zu meiner Arbeit bestimmt habe, so wird vielleicht mancher, nachdem er das Buch gelesen, meinen, das habe er daraus nicht merken können, denn es nehme sich mindestens so sehr der Sittlichkeit, vor allem des Schamgefühls, an wie der Kunst. Ich würde darin keinen Vorwurf sehn. Wir Richter sind ja gewöhnt, die Partei, der wir mit unserm Fühlen näher stehn — nehmen wir als Beispiel einen Amtsrichter, der vom Justizfiskus verklagt ist —, unwillkürlich mit besonders strenger Gerechtigkeit zu behandeln, um uns nur ja nicht den Selbstvorwurf machen zu können, wir seien in unserm Urteil durch Sympathie und Antipathie bestimmt worden. Da wir aber auch nur Menschen sind, so kommt es da leicht, daß gerade die Partei, auf deren Seite unsere Sympathie ist, dabei etwas zu ungünstig fortkommt. So ist mein Streben gewesen, da, wo das Interesse der Kunst mit dem der Sittlichkeit zusammenstößt, volle Unparteilichkeit walten zu lassen, aber es mag sein, daß, gerade weil mich die Teilnahme an der Kunst zu meiner Arbeit bestimmt hat, ich sie etwas zu ungünstig behandelt habe, um nur ja nicht parteiisch für sie zu sein. Allah weiß es besser! Viel aber kann es gewiß nicht sein, und ich kann nur wünschen, diese kleine Abweichung meiner Wage wäre der schwerste Mangel meiner Arbeit.

Berlin-Wilmersdorf, im September 1909.

Der Verfasser.

Abkürzungen.

(entsprechend den Vorschlägen des Deutschen Juristentages).

DJZ. ..... Deutsche Juristenzeitung;
E. .... Entscheidung;
Goltd Arch. Archiv für Strafrecht und Strafprozeß, begründet von Goltdammer;
JW. ...... Juristische Wochenschrift;
Leg.-Per. . Legislaturperiode (mit römischer Zahl davor);
OTr. ..... Preußisches Obertribunal;
R. .... Rechtsprechung des Reichsgerichts in Strafsachen;
RG. ...... Reichsgericht oder Entscheidung des Reichsgerichts oder Entscheidungen des Reichsgerichts in Strafsachen (Sammlung);
Sess. ..... Session des Reichstags (mit römischer Zahl davor);
StB. ..... Stenographische Berichte des Deutschen Reichstags;
StGB. ... Deutsches Reichsstrafgesetzbuch;
ZStW. ... Zeitschrift für die gesamte Strafrechtswissenschaft.

Die Ziffern bedeuten die Seiten; bei zwei Ziffern bedeutet die erste: Jahrgang oder Band; Ziffern in Klammern bedeuten die Auflage.

* * *

Verzeichnis der benutzten wissenschaftlichen Schriften.

Barbier, Georges, Code expliqué de la Presse, Tome I, Paris 1901.

Bazille, C. und Constant Ch., Code de la Presse, Paris 1883.

Benz, Das Strafgesetzbuch für den Kanton Zürich, 3. Auflage, Zürich 1898.

Binding, Karl, Unzüchtige Handlungen und unzüchtige Schriften, Zeitschrift für die gesamte Strafrechtswissenschaft Bd. 2 (1882) S. 450 f.

— Lehrbuch des gemeinen deutschen Strafrechts, Besonderer Teil, 2. Aufl., Leipzig 1902 f.

Bohn, Materialien zur Bekämpfung der unsittlichen Literatur, 1905.

— Kongreß zur Bekämpfung der unsittlichen Literatur in Köln im Jahre 1904, Berichte. Berlin 1905.

Brehms Tierleben, 3. Aufl., Leipzig und Wien, 1900 f.

Celliez und Le Senne, Loi de 1881 sur la Presse, Paris 1882.

Chassan, M., Traité des délits et contraventions de la parole et de l'écriture et de la presse, 2. édition, Paris 1846, Tome I.

Comous & Luschi, Il nuovo Codice Penale Italiano, Supplemento, 1898.

Dalloz & Vergé, Les Codes annotés, Code pénal, Appendice, Paris 1881.
Dessoir, Max, Ästhetik und allgemeine Kunstwissenschaft, Stuttgart 1906.
Dugas, L., La Pudeur, in Revue Philosophique 56 (1903), 468 f.
Dutruc, Gustave, Explication pratique de la loi du 29 juillet 1881, Paris 1883.
Ellis, Havelock, Geschlechtstrieb und Schamgefühl, übersetzt von Kötscher, 3. Aufl., Würzburg 1907.
Encyclopædia of the Laws of England, Vol. X, London und Edinburgh 1908.
Ewald, Oskar, Gründe und Abgründe, Berlin 1909.
Fabreguettes, P., Traité des délits politiques, 2. édition, Tome II, Paris 1901.
Frank, Reinhard, Das Strafgesetzbuch für das Deutsche Reich, 5.—7. Aufl., Leipzig 1908.
— Zur Lex Heinze, in der Deutschen Juristenzeitung V. Jahrgang (1907) S. 237 f.
Fuchs, Eduard, Geschichte der erotischen Kunst, Berlin 1908.
Grimm, J. u. W., Deutsches Wörterbuch, Bd. 1 (1854), Bd. 8 (1893).
Guyau, M., L'Irréligion de l'Avenir, 4. édition, Paris 1890.
Haeberlin, C. F. W. J., Grundsätze des Kriminalrechts nach den neuen deutschen Strafgesetzbüchern, Bd. 3, Leipzig 1848.
Hagerup, Francis, Almindelig borgerlig Straffelov af 22. 5. 1902, Kristiania 1903.
Hälschner, Hugo, Das gemeine deutsche Strafrecht, Bd. 2 Abt. 2, Bonn 1887.
Hatzipetros, Nikolaus, Begriff der unzüchtigen Schrift und ihrer Verbreitung, Guben 1896.
Heyne, Deutsches Wörterbuch, 2. Aufl., 1905.
Heyses Deutsche Grammatik, 27. Aufl., umgearbeitet von Otto Lyon, Hannover und Leipzig, 1908.
Hohenemser, Versuch einer Analyse der Scham, im Archiv für die gesamte Psychologie Bd. II (1904) S. 298 f.
Howard, Clifford, Sex Worship, Chicago 1902.
Kant, Immanuel, Anthropologie, in den Werken, herausg. von Hartenstein, Bd. 10, Leipzig 1839, S. 281 f.
Klöppel, Das Reichspreßrecht, Leipzig 1894.
Kohler, Josef, Das Sinnliche und das Unsittliche in der Kunst, in der Zeitschrift für die gesamte Strafrechtswissenschaft Bd. 7 S. 47 f.
Laurent, Ch., Études sur les délits de Presse, Bruxelles 1871.
Le Poittevin, Gustave, Traité de la Presse, tome II, Paris 1903.
Lipps, Theodor, Die ethischen Grundfragen, Hamburg und Leipzig, 1905.
v. Liszt, Franz, Lehrbuch des deutschen Strafrechts, 16. u. 17. Aufl., Berlin 1908.
Lorm, Hieronymus, Der grundlose Optimismus, Wien 1894.
Mauthner, Fritz, Beiträge zu einer Kritik der Sprache, Stuttgart 1901 f.
Meili, Sind die Memoiren von Casanova unzüchtige Schriften? Im Archiv für Strafrecht, begründet von Goltdammer, Bd. 46 (1898/99) S. 185 f.
Mittermaier, Verbrechen und Vergehen gegen die Sittlichkeit, in der Vergleichenden Darstellung des deutschen und ausländischen Strafrechts, Besonderer Teil Bd. IV S. 1 f., Berlin 1907.

Moll, Albert, Das Sexualleben des Kindes, Berlin 1909.
Müller, Otto, Die Lex Heinze, Freiburg i. Br. 1900.
Negri, Ambrogio, Le contravenzioni, in der Enciclopedia del diritto penale Bd. 10 S. 525 f.
Odgers, W. Blake, A Digest of the Law of Libel and Slander, (4) London 1905.
Oppenhoff, Das Strafgesetzbuch für das Deutsche Reich, 14. Aufl., Berlin 1901.
Pérez, Bernard, L'Enfant de trois à sept ans, 4. édition, Paris 1907.
Porret, Les Ecrits contre les Mœurs, Zeitschrift für Schweizer Strafrecht 1891, 470 f.
Rathenau, Walther, Reflexionen, Leipzig 1908.
Recueil Général des Lois et des Arrêts, fondé par Sirey, Année 1898, II. partie.
Renouvier & Prat, Nouvelle Monadologie, Paris 1899.
Schauer, Rudolf, Zum Begriff der unzüchtigen Schrift, Leipzig 1893.
Schlecht, Anton, Lex Heinze, im Gerichtssaal Bd. 40 (1901) S. 1 f.
Schlechtriem, Wilhelm, Die strafrechtliche Bedeutung unzüchtiger Schriften und Abbildungen (Heidelberger Dissertation), Bonn 1907.
Sergi, G., Sensibilità femminile, im Archivio di Psichiatria, Vol. XIII (1892) S. 1 f.
Statutes, The, of the United Kingdom of Great-Britain and Ireland, Vol. 12 (1851), 33 (1857).
Stendhal (Henry Beyle), De l'Amour.
Stenographische Berichte des Deutschen Reichstags.
Stephen, James, A digest of the criminal law, London 1877.
Stratz, C. H., Die Schönheit des weiblichen Körpers, 11. Aufl., Stuttgart 1902.
Sweet, Charles, A Dictionary of English Law, London 1882.
Tilemann, De eo quod iustum est circa nuditatem, Leipzig 1728.
Villnow, Die Verbrechen und Vergehen wider die Sittlichkeit, im Gerichtssaal Bd. XXX (1878) S. 106 f.
Weininger, Otto, Geschlecht und Charakter, 3. Aufl., Wien und Leipzig 1904.
Westermarck, Die Geschichte der menschlichen Ehe, Jena 1893.
Wilmanns Deutsche Grammatik, Straßburg 1897 f.
Wolff, Richard, Was ist unzüchtig? Was ist unsittlich? Was ist normal? Berlin 1909.
Ziegler, Das Gefühl, 3. Aufl., 1899.

Inhaltsverzeichnis.

Kapitel 1.

Kunst und Strafgesetz.

In einem Briefe vom 20. Juni 1796 nennt es Goethe „die alte, halbwahre Philisterleier, daß die Künste das Sittengesetz anerkennen und sich ihm unterordnen sollen“, und fährt fort: „Das erste haben sie immer getan, und müssen es tun, weil ihre Gesetze so gut als das Sittengesetz aus der Vernunft entspringen, täten sie aber das zweite, so wären sie verloren.....“ Damit verwirft der große Mensch und Künstler die Meinung, daß die Kunst dem Sittlichen dienen soll; er billigt es aber, daß sie darin ihre Schranke findet, und erklärt sogar, das habe die Kunst immer getan. Und doch ist die Kunst oft genug in Zwiespalt geraten mit dem Sittlichkeitsgefühl weiter Kreise der Volks- und Zeitgenossen. Sogar mit dem Strafgesetz kommt sie nicht selten in Berührung. Ist das nun eine Anmaßung des Strafgesetzes? Eine Grenzüberschreitung? Oder ist das, worum es sich da handelt, keine wahre Kunst mehr in einem höheren Sinne? Die letzte Frage maßen wir uns nicht an zu beantworten: das mag ein Goethe tun oder wer sonst auf einem gleich hohen Richterstuhle sitzt. Doch ist die Berührung von Kunst und Strafgesetz an sich bedeutsam genug, um eine Untersuchung zu rechtfertigen, die sich auf die rechtlichen Gesichtspunkte beschränkt. Das ist es, was wir im folgenden versuchen wollen. Dabei werden wir auch unsre erste Frage berühren, ob das Strafgesetz in das Bereich der Kunst hinübergreifen darf.

Die strafrechtliche Bestimmung, der die Kunst am leichtesten ins Gehege kommt, ist der § 184 Nr. 1 unseres Reichsstrafgesetzbuchs. Dieser lautet:

Mit Gefängnis bis zu einem Jahre und mit Geldstrafe bis zu eintausend Mark oder mit einer dieser Strafen wird bestraft, wer unzüchtige Schriften, Abbildungen oder Darstellungen feilhält, verkauft, verteilt, an Orten, welche dem Publikum zugänglich sind, ausstellt oder anschlägt oder sonst verbreitet, sie zum Zwecke der Verbreitung herstellt oder zu demselben Zwecke vorrätig hält, ankündigt oder anpreist.

Auf den ersten Blick wird mancher kaum verstehen, was denn die Kunst mit diesem Gesetz zu tun habe, denn — so denkt man — es betrifft doch wohl nur obszöne Schriften und Bilder, und das seien doch keine Werke der Kunst. Aber die Ansichten darüber, was die Sitte dem Künstler erlaubt, sind verschieden, und die Erfahrung lehrt, daß Schriften und Abbildungen, denen niemand ihren Charakter als Kunstwerk bestritten hat, vor Gericht gezogen worden sind, weil sie den § 184 Nr. 1 StGB. verletzen sollten [1]). Daher hat die Dichtkunst wie die bildende Kunst ein großes Interesse an dieser Gesetzesvorschrift und ihrer Auslegung. Allerdings wird ja nicht der Urheber der Bilder und Schriften als solcher bestraft, sondern nur die Verbreiter, Verkäufer, Aussteller usw. Aber abgesehen davon, daß er gelegentlich wegen Anstiftung zu dem betreffenden Vergehen bestraft werden kann, ist es natürlich für den Urheber, den Künstler oder Schriftsteller, von größter Bedeutung, ob das Strafgesetz den Verkauf, die Ausstellung u. dgl. seines Werkes verhindert oder nicht.

Nun sind die Dicht- und Bildkunst nicht die einzigen Künste, deren Pfade von dem strafrechtlichen Begriff des Unzüchtigen gekreuzt werden können. Auch die Schauspiel-, die Tanzkunst, die sonstigen Vortragskünste können in diese Lage geraten. Allein dann kommt nicht unser § 184, sondern § 183 StGB. in Frage, der unzüchtige Handlungen unter Strafe stellt, vorausgesetzt, daß dadurch öffentlich ein Ärgernis gegeben wird. Hiermit wollen wir uns aber nicht befassen, und das aus zwei Gründen. Erstens machen sich hier vielfach ganz andre rechtliche Gesichtspunkte für die Strafbarkeit geltend, und zweitens ist die Frage, wann die Darbietungen dieser Künste unter den Begriff des Unzüchtigen und damit unter das Strafgesetz fallen, von nur geringem praktischen Interesse. Es besteht nämlich für Theateraufführungen wohl überall eine Zensur, so daß die Polizei solche Darbietungen, die ihr anstößig erscheinen, verhindern kann [2]). Daher kommt es hier so selten zu strafbaren

Handlungen, die die Gerichte beschäftigen könnten. Anderseits beschränkt sich das Untersagungsrecht der Polizei keineswegs auf unzüchtige Vorstellungen, so daß dieser Begriff auch für die Berechtigung des Verbotes keine Bedeutung hat. Wir befassen uns daher nur mit den Künsten, deren Werke im § 184 StGB. erwähnt werden; das sind erstens die Dichtkunst und zweitens die bildenden Künste. Letztere, von denen natürlich die Baukunst nicht in Frage kommt, will ich unter der Bezeichnung „Bildkunst" zusammenfassen. Und den § 184 Nr. 1 StGB., der uns fast ausschließlich beschäftigen wird, will ich fortan kurz „unser Gesetz" oder „§ 184" nennen.

Doch auch dieses unser Gesetz will ich nicht in seinem vollen Umfange erörtern, sondern mich auf das Wichtigste beschränken, auf die Untersuchung des Begriffes des Unzüchtigen im Sinne des § 184 Nr. 1, soweit er das Interesse der Kunst berührt. Die andern im § 184 vorkommenden Begriffe behandle ich nur, wenn und soweit dies zur Beleuchtung des Begriffes des Unzüchtigen erforderlich ist [3]). In demselben Sinne werde ich auch am Schlusse genötigt sein, mich kurz mit dem § 184a StGB. zu befassen.

Kapitel 2.

§ 184 im System des Strafgesetzbuches. — Schriften, Abbildungen und Darstellungen.

Da der § 184 einen Teil unseres Reichsstrafgesetzbuches bildet, so wird es das Verständnis seines Inhaltes fördern, ihn kurz im Zusammenhange dieses Gesetzes zu betrachten.

Er ist eingeordnet in Teil 2, Abschn. 13 des StGB., der überschrieben ist: Verbrechen und Vergehen wider die Sittlichkeit. Damit sind solche Straftaten gemeint, die sich gegen die sittliche Ordnung des Geschlechtslebens richten. Sie zerfallen in zwei Hauptgruppen: Die eine hat es unmittelbar mit dem Geschlechtstrieb, seiner Erregung und Befriedigung zu tun, entweder mit dem des Täters, der in unerlaubter Weise seinem Triebe nachgeht, oder mit dem einer bestimmten andern Person, deren Trieb er reizt. Dahin gehört z. B. der Mißbrauch von Kindern. Die zweite Gruppe wirkt mehr mittelbar auf das Geschlechtsleben ein; es kommt hier nicht darauf an, ob der Geschlechtstrieb des Täters oder auch einer bestimmten andern Person beteiligt ist. Dabei lassen sich wieder zwei Untergruppen unterscheiden. Die eine steht der ersten Hauptgruppe näher: sie umfaßt Handlungen, die auf bestimmte Art den außerehelichen Geschlechtsverkehr fördern, dessen Ausdehnung unerwünscht ist, also z. B. Kuppelei oder Ankündigung, die zu unzüchtigem Gebrauch bestimmt sind. Die zweite Untergruppe wirkt noch mittelbarer auf das Geschlechtsleben ein; diese Straftaten richten sich gegen das geschlechtliche Schamgefühl. Es handelt sich dabei hauptsächlich um zwei uns bereits bekannten Vorschriften, nämlich um § 183, der unzüchtige Handlungen, und § 184 Nr. 1 und 2, der unzüchtige Schriften, Abbildungen und Darstellungen betrifft. Die Strafbarkeit in diesen zwei Paragraphen ist aber verschieden geregelt. Die unzüchtigen Handlungen des § 183 müssen, um strafbar zu sein, öffentlich geschehen, und jemand muß tatsächlich daran Ärgernis nehmen. Sind sie noch so schamverletzend, sind sie aber zufällig vor lauter rohen Menschen begangen worden, die sich daran ergötzen und den Täter höchstens aus Rache anzeigen, so bleiben sie straflos. Anders bei den Straftaten des § 184; diese brauchen nicht öffentlich zu sein und tatsächlich braucht niemand daran Anstoß zu nehmen. Der Grund für diese weitere Fassung des § 184 liegt darin, daß Schriften, Abbildungen und Darstellungen in der Regel einem größeren, oft unübersehbaren Personenkreis zugänglich gemacht werden und daher eine viel weitere Wirkung haben als die Handlungen des § 183. Letztere sind rein zeitliche Ereignisse wie Gebärden, gesprochene Worte, Aufführungen, deren Wirkung auf die gerade Anwesenden beschränkt ist. Dagegen handelt es sich im § 184 um körperliche Gegenstände, die meist eine längere Dauer haben und sich nahezu unbeschränkt vervielfältigen lassen, so daß sie ihre Wirkung immer aufs neue auf weitere Personenmengen und Zeiten ausdehnen können [4]).

Die im § 184 erwähnten Gegenstände, also Schriften, Abbildungen und Darstellungen, wollen wir im folgenden unter der Bezeichnung

„Werke“ zusammenfassen. Gemeint sind damit nicht die geistigen Erzeugnisse, die in bestimmten Gegenständen verkörpert sind, ohne in ihnen aufzugehen, auch nicht die Gesamtheit aller dieser Verkörperungen, sondern die einzelnen Gegenstände, deren jeder das Geisteswerk verkörpert. Also soviel Exemplare eines Buches da sind, soviel Schriften gibt es, soviel Abzüge einer Photographie gemacht werden, soviel Abbildungen im Sinne unseres Gesetzes.

Eine Schrift ist ein körperlicher Gegenstand, der die Worte der Sprache durch solche Zeichen verkörpert, die unmittelbar durch ihre Form allgemein verständlich sind. Meist werden die Zeichen durch den Gesichtssinn wahrgenommen, bisweilen auch durch das Gefühl, z. B. die Blindenschrift. Aber Zeichen, die nur für das Gehör bestimmt sind, sind keine Schrift, weil sie nicht durch ihre Form sprechen. Daher ist ein Notenblatt eine Schrift, denn es kann von allen Kundigen ohne weiteres gelesen werden, nicht aber eine Phonographenplatte. Ihre Einritzungen haben zwar Formen, aber diese sind nicht verständlich; sie werden es erst durch die Erzeugung von Lauten, und diese wieder sind ohne Formen verständlich [5]). Rein optische Zeichen, z. B. Abwechslung von Hell und Dunkel, sind auch keine Schrift, da hier die Zeichen nicht ein körperlicher Gegenstand sind, wenn sie auch durch einen solchen hervorgebracht werden. Die Verkörperung in einem Gegenstand braucht aber keine dauernde zu sein. Sie kann darin bestehen, daß eine Fläche beleuchtet wird, daß also darauf die Zeichen durch Licht- und Schattenwirkung entstehen, wie bei Projektionsapparaten [6]). Solche Schriften kann man zwar nicht feilhalten, nicht verkaufen oder verteilen, wohl aber ausstellen und anschlagen, ankündigen und anpreisen, und es ist ja nicht nötig, daß mit einer bestimmten Art von Schrift gerade alle im § 184 vorgesehenen Handlungen vorgenommen werden können. Ferner ist es eine Schrift, wenn die Zeichen selbst aus körperlichem Stoff geformt sind, ohne daß ein besonderer Hintergrund benutzt wird. So ist es vielfach bei Reklamen, die nur aus elektrischen Lampen, in Buchstabenform angeordnet bestehen. — Den Begriff der Schrift im Gegensatz zu den Teilen einer Schrift werden wir später behandeln.

Abbildungen und Darstellungen gehören zusammen. Die ersteren sind eine Unterart der letzteren, so daß es eigentlich heißen müßte: Abbildungen und s o n st i g e Darstellungen. Daher bedarf es keiner scharfen Abgrenzung des Begriffes der Abbildung. Verstanden werden darunter offenbar Erzeugnisse der Flächenkunst, die bestimmte Gegenstände nachahmen, z. B. Gemälde, Zeichnungen, Holzschnitte, Kupferstiche, Bilddrucke, Photographien.

„Darstellung" bedeutet hier nicht die Tätigkeit des Darstellens, sondern das stoffliche Erzeugnis, wodurch ein Gegenstand oder Vorgang dargestellt werden soll. Unsere deutsche Endung „ung" kann ja beides bedeuten: die Tätigkeit und das Ergebnis der Tätigkeit [7]). Zu den Darstellungen gehören also, abgesehen von den Abbildungen, die Werke der plastischen Kunst, Modelle, Spielzeuge, Gerätschaften usw. [8]), und ausgeschlossen sind alle Aufführungen der mimischen und Tanzkunst und alle Vorträge, denn das sind Darstellungen nur im Sinne von darstellenden Handlungen. Solche Handlungen können aber, wie wir schon sahen, zwar unter § 183, nicht aber unter § 184 fallen.

Auch hier braucht die Gestaltung des Stoffes zur Abbildung oder sonstigen Darstellung keine dauernde zu sein: es genügt ein Kreidebild an der Wand, eine Zeichnung in den Sand, die Projektion eines Bildes oder plastischen Körpers auf eine Fläche, gerade wie es bei der Schrift ist. Also stellt auch der Vorführer eines Kinematographen Abbildungen aus, und die ausgestellte Abbildung ist nicht der Film, sondern die Projektion auf dem Lichtschirm [9]). Sind die gezeigten Vorgänge unzüchtiger Natur, so ist die Vorführung nicht etwa eine unzüchtige Handlung im Sinne des § 183 [9]). So kann es kommen, daß die Aufführung eines unzüchtigen Tanzes nicht bestraft werden kann, weil keiner der Zuschauer — wie das nach § 183 Erfordernis der Strafbarkeit ist — daran Ärgernis genommen hat, und die Anzeige nur aus Rache erfolgt ist; daß aber unter ganz denselben Umständen eine genaue kinematographische Vorführung desselben Tanzes, obgleich sie schwächer wirkt als der Tanz selbst, nach § 184 strafbar ist, weil hier nicht verlangt wird, daß jemand Ärgernis nimmt. Da indessen kinematographische Vorführungen selten dem Gebiet der eigentlichen Kunst angehören, so haben sie für unsere Untersuchung kein großes Interesse.

Kapitel 3.

Das Schamgefühl und seine Verletzung.

Unzüchtig bedeutet ursprünglich alles, was gegen die gute Zucht ist. Später ist die Bedeutung eingeschränkt worden: man bezog es nur noch auf die guten Sitten in geschlechtlicher Hinsicht. Doch übrigens ist nicht alles, was hiergegen verstößt, unzüchtig. Das Wort ist aus der Umgangssprache beinahe verschwunden und fristet sein Leben nur noch in der höheren Sprache, besonders in den Gesetzen. Es deckt sich einigermaßen mit dem Fremdwort „obszön".

Was nun den Begriff des Unzüchtigen im Sinne des § 184 betrifft, so ist er nicht unstreitig. Nur soviel ist allgemein anerkannt, daß darin eine Beziehung zum Geschlechtlichen enthalten ist [10]), wofür ja außer dem allgemeinen Sprachgebrauch auch die Einordnung in den Abschnitt des StGB. spricht, der überschrieben ist: Verbrechen und Vergehen wider die Sittlichkeit.

Nach der herrschenden Ansicht, die das Reichsgericht vertritt, ist unzüchtig, was das Schamgefühl in geschlechtlicher Beziehung verletzt [11]). Dieser Meinung schließe ich mich an. Um ihre Richtigkeit zu erweisen, müssen wir aber zunächst untersuchen, was denn das geschlechtliche Schamgefühl ist, das durch unser Gesetz geschützt werden soll.

Zuerst denkt man bei dem Worte „Schamgefühl" daran, daß jemand sich schämt. Er empfindet dann Schamgefühl. Man schämt sich über einen Mangel der eignen Person, der andern offenbar wird. Der Mangel kann moralischer, ästhetischer oder sonst beliebiger Art sein. So schämt sich ein heftiger Mensch, einen andern unbedacht verletzt zu haben; die Dame schämt sich, wenn sich zeigt, daß sie ein falsches Gebiß hat; die erfahrene Hausfrau, wenn sie sich vom Geflügelhändler hat betrügen lassen. Wegen andrer Personen schämt man sich nur, wenn man für sie verantwortlich ist, oder wenn sie uns so nahe stehen, daß wir uns vollständig in ihre Gefühle hineinversetzen [12]). So schämt sich die Gattin, wenn der Gatte in der Rede stecken bleibt. Es kommt zwar auch vor, daß man sich vor sich selbst schämt, auch über Dinge, die andern unbekannt sind. Aber das sind Ausnahmen; es geschieht nur, wenn man sein besseres Ich als eine

Art zweiter Person betrachtet, der ein Mangel des wirklichen Ichs bekannt wird, besonders auch dann, wenn der Mangel zeitlich soweit zurückliegt, daß das Ich von damals als verschieden von dem heutigen Ich empfunden wird. Man darf aber nicht jede Unlustempfindung über eignes Handeln bezeichnen als ein Sich-schämen vor sich selbst; es kann auch Reue, Ärger, Bedauern u. dgl. sein, und ist dies in den weitaus meisten Fällen.

Das Wesentliche beim Sich-schämen ist jedenfalls, daß etwas offenbar wird. Es braucht dies nicht gerade ein Mangel zu sein; es kann auch etwas andres an uns sein, dessen Offenbarung uns ein Unlustgefühl erweckt. Nur muß es sich dabei nicht um ein beliebiges Geheimnis handeln, sondern um einen Teil unseres Ichs. Der Fabrikant schämt sich nicht, wenn sein wichtiges Geschäftsgeheimnis verraten ist, mag er sich auch noch so sehr darüber ärgern; aber oft schämt sich ein junger Dichter, seine Lieder, die sein ganzes Fühlen und Denken enthalten, dem Publikum vorzulegen, mag er von ihrem Wert auch noch so überzeugt sein.

Ist nun das Unlustgefühl, das entsteht, wenn ein Teil unsres Ichs gegen unsern Wunsch offenbart wird, stets ein Gefühl der Scham? Stets. Nur muß das offenbarte Geheime auch wirklich als ein Teil unseres Ichs empfunden werden. Eine Dame schämt sich, wenn ein häßlicher Fleck an ihrem Arm, den sie sonst verborgen hält, Fremden sichtbar wird. Wenn dagegen bei einer Taschendiebin, die sich einen falschen Namen beigelegt hat, ein Fleck am Arm bemerkt wird, der zu ihrer Entdeckung führen kann, so ist das in ihr entstehende Unlustgefühl kein Schamgefühl: sie betrachtet den Fleck nicht als Teil ihres Ichs, sondern nur als Mittel zu ihrer Erkennung; sie würde ganz dasselbe Gefühl haben, wenn man bei ihr einen Brief fände, der ihren Namen trägt, und würde sich aus dem Fleck gar nichts machen, wenn er etwa erst nach ihrem letzten Diebstahl entstanden wäre [13]).

Zu dem, was die Menschen der Öffentlichkeit entziehen, gehört ihr Geschlechtsleben und die Körperausscheidungen, sowie das, was mit diesen Vorgängen zusammenhängt. Daher schämt man sich, derartiges anderen zu zeigen. Vielleicht ist beides in der Entwicklungsgeschichte überhaupt der Ausgang des Schamgefühls gewesen [14]), sicher sind beide Fälle noch heute von größter Bedeutung.

Sie führen uns nämlich zu einer neuen besonders wichtigen Art des Schamgefühls, die hinausgeht über die Empfindung einer Offenbarung des Ichs. Es ist diejenige Erscheinung, die nicht darin besteht, daß jemand sich schämt, sondern daß sein Schamgefühl verletzt wird. Dies geschieht durch Handlungen andrer, die uns nicht so nahe stehen, daß wir uns für sie in ihrer Seele schämen können. Wenn Herr Unbekannt vor unsern Augen im Kartenspiel betrügt, wenn er sich infolge unmäßigen Weingenusses im Festsaal übergibt, wenn er sich auf einer Nordlandreise den Polarkreis in natura zeigen läßt — unser Schamgefühl bleibt bei alledem unberührt. Verletzt wird es aber, wenn einer offen seine Notdurft verrichtet. Auch hier handelt es sich also um Offenbarung von etwas, das verborgen bleiben sollte. Beim Sich-Schämen kann dieses Etwas, wenn es nur ein Teil des Ichs ist, sonst ganz beliebiger Natur sein. Ist dies nun hier, wo es sich um Handlungen andrer handelt, auch ebenso? Die Erfahrung sagt uns, daß dies nicht zutrifft, und daß die Handlungen andrer unser Schamgefühl nur verletzen, wenn sie einem der beiden Gebiete angehören, dem der körperlichen Ausscheidungen und dem des Geschlechtlichen. Beides mag sich aus derselben Quelle entwickelt haben, da beim Menschen die Organe der Ausscheidung und die der Fortpflanzung nahe beieinander liegen und zum Teil zusammenfallen [15]).

Von den Ausscheidungen sind hier nur die eigentlichen gemeint[16]), nicht z. B. der Schweiß. Zwar gilt es in guter Gesellschaft nicht für gehörig, hiervon zu reden, aber selbst die empfindlichste Dame wird nur ihr Anstandsgefühl, nicht ihr Schamgefühl verletzt fühlen, wenn jemand noch so gröblich hiergegen verstößt. Doch wollen wir hierauf nicht näher eingehen, da uns bei unserer Untersuchung nur das zweite Gebiet der Schamverletzung interessiert.

Das ist das Geschlechtsleben. Hier können die schamverletzenden Umstände in unmittelbarem oder nur in mittelbarem Zusammenhange mit dem Geschlechtlichen stehen. Ersteres ist der Fall beim Geschlechtsakte selbst oder sonstigen geschlechtlichen Handlungen, letzteres bei gewissen Entblößungen des Körpers. Es brauchen auch nicht Handlungen oder Erscheinungen des wirklichen Lebens zu sein, sondern ähnlich wirkt deren Wiedergabe in Schriften, bildlichen Darstellungen u. dgl. Auch bei diesen kann die Beziehung zum

Geschlechtlichen unmittelbar oder mittelbar sein. Als Beispiel sei angeführt einerseits die Abbildung des Geschlechtsaktes, anderseits die Beschreibung einer nackten Frau. Natürlich verletzt letztere nicht immer das Schamgefühl; unter welchen besondern Umständen dies geschieht, werden wir später sehen.

Was diesen beiden Gebieten des Geschlechtlichen und der Ausscheidungen nicht angehört, verletzt nicht das Schamgefühl. Das Nackte ist, wie eben bemerkt und später noch näher auszuführen ist, dort wo es das Schamgefühl verletzt, nur eine Unterart eines jener zwei Gebiete. Bei einzelnen wilden Völkern mag es noch mehr Gebiete der Schamverletzung geben; da mag z. B. das Essen vor andern nicht nur deren Anstandsgefühl, sondern geradezu ihr Schamgefühl verletzen [17]). Bei den Kulturvölkern findet sich nichts Ähnliches. Wenn man sonst daran Anstoß nimmt, daß ein Vorgang öffentlich geschieht, der ins Verborgene gehört, so ist es da immer nur das Anstandsgefühl, das verletzt wird. Man schneidet sich nicht öffentlich die Nägel, eine Frau hat sich nicht öffentlich zu kämmen, man züchtigt seine Kinder nicht öffentlich — geschieht es aber doch, so bleibt das Schamgefühl der Zeugen unberührt.

Handelt es sich aber wirklich bei beiden Erscheinungen, beim Sich-Schämen und bei der Verletzung des Schamgefühls durch andere, um dieselbe Seelentätigkeit und nicht nur um denselben Namen für verschiedene Dinge? Ich möchte die Frage, die so von den Psychologen meines Wissens noch nicht gestellt ist, im ersteren Sinne beantworten. Denn abgesehen davon, daß beides als sehr ähnlich empfunden und daher nicht nur im Deutschen, sondern auch in manchen andern Sprachen gleich benannt wird, ist beidem auch etwas sehr Eigentümliches gemeinsam, nämlich die Unlustempfindung wegen einer Offenbarung von etwas, das nach dem Gefühl des Menschen verborgen bleiben sollte [18]). Dabei handelt es sich nicht eigentlich darum, daß es nicht an die Öffentlichkeit gebracht wird, denn es braucht nicht der großen Menge bekannt zu werden, es genügt, daß es auch nur eine Person wahrnimmt oder erfährt, vor der es verborgen bleiben soll. Das Kind schämt sich, wenn nur seine Mutter seine Unart erfährt — das Schamgefühl einer Frau wird verletzt, wenn sie allein Zeugin eines Exhibitionisten wird. Es steht also nicht ein Veröffentlichen in Frage, sondern ein Offenbaren; und ich möchte das, was das Schamgefühl erregt, mit der griechischen Wortbildung Dysapokalypsis nennen. Ich werde dafür das deutsche Wort „Mißoffenbarung" gebrauchen, da ich eines technischen Ausdrucks bedarf, und dieser, wenn auch neu gebildet, so doch leicht verständlich ist. Es bedeutet dies nicht nur, daß etwas andern bekannt wird, sondern überhaupt, daß es ihnen in irgend einer Weise zugänglich gemacht wird, mag es ihnen auch schon bekannt sein [19]). So schämt sich das Brautpaar, wenn es bei harmlosen Liebkosungen überrascht wird, von denen jeder weiß, daß es sie sich spendet — so verletzt es das Schamgefühl, wenn Ehegatten ihre Vereinigung so unvorsichtig begehen, daß andere sie wahrnehmen können, obgleich diese auch ohnehin wissen, daß solches geschieht [20]).

Allerdings ist unsere Ausdrucksweise bei den beiden Erscheinungsformen des Schamgefühls verschieden. Bei der ersten sagt man: der Mensch schämt sich oder er hat das Gefühl der Scham; bei der zweiten: sein Schamgefühl wird verletzt. Die Umgangssprache redet also zwar in beiden Fällen vom Schamgefühl des Menschen; aber dafür, wie dieses in Tätigkeit tritt, fehlt ihr ein gemeinsamer Ausdruck. Doch ist ein solcher, der ohne weiteres verständlich ist, leicht gefunden und in der wissenschaftlichen Sprache in Gebrauch: das Schamgefühl wird erregt. Dabei ist zu beachten, daß wir unter „Schamgefühl" ein Doppeltes verstehen. Erstens nennen wir so den Seelenzustand des Menschen, der ihn gewisse Mißoffenbarungen vermeiden läßt und, wenn sie doch eintreten, eine Unlustempfindung bewirkt. So sagt man: „Sein Schamgefühl hindert ihn zu gestehen" oder „Solches Buch verletzt das Schamgefühl jeder anständigen Frau". Zweitens bedeutet es die Unlustempfindung selbst. So kann man sagen: „Als sie sich überführt sah, war ihr Schamgefühl groß" oder „Beim Lesen des Buches war mein Ekel noch größer als mein Schamgefühl [21]). Wir werden das Wort nur im ersten Sinne gebrauchen und für die einzelne Empfindung den Ausdruck „Gefühl der Scham" oder „der Schamverletzung" anwenden.

Nun haben wir gesehen, daß nicht jede Unlustempfindung über eine Mißoffenbarung ein Gefühl der Scham ist, sondern nur auf der einen Seite eine Mißoffenbarung des eigenen Ichs, auf der andern eine Mißoffenbarung bezüglich des Geschlechtlichen oder der Ausscheidungen. Da drängt sich die Frage auf, was denn diese beiden Gruppen von Mißoffenbarungen gegenüber allen andern Fällen gemeinsam haben, daß sie das Schamgefühl erregen und alle andern nicht. Ich gestehe, daß ich diese Frage nicht bestimmt beantworten kann, auch habe ich in der psychologischen Literatur, die überhaupt die beiden verschiedenen Äußerungen des Schamgefühls nicht genügend auseinanderhält, keine Antwort darauf gefunden [22]). Vielleicht ist die Sache so zu erklären. Sicher hat sich das Sich-schämen früher ausgebildet als die andere Art des Schamgefühls, und wahrscheinlich grade bei geschlechtlichen und Ausscheidungsvorgängen [23]). Vielleicht hat nun das Schamgefühl sich von diesem Ausgangspunkt nach zwei Seiten hin entwickelt: einerseits dahin, daß auch andere unangenehme Offenbarungen der eigenen Persönlichkeit das Schamgefühl erregten, anderseits dahin, daß dies bei sexuellen und Ausscheidungsvorgängen auch anderer Personen eintrat. Aber die Empfindungen bei beiden Gruppen von Vorgängen sind sich immer so ähnlich geblieben, daß wir es auch beim heutigen Stande der Entwicklung noch mit einem und demselben Gefühl zu tun haben.

Wir nun beschäftigen uns allein mit der Erscheinungsform des Schamgefühls, die bei Mißoffenbarungen anderer auftritt, und zwar auf geschlechtlichem Gebiet. Wir werden im folgenden unter „Schamgefühl", wenn nichts hinzugesetzt wird, nur dieses verstehen.

Da gilt es nun zunächst, das Schamgefühl vom Anstandsgefühl zu unterscheiden. Sehr häufig fällt die Verletzung des einen mit der des andern zusammen; trotzdem handelt es sich um etwas Verschiedenes. Das Gefühl der Anstandsverletzung setzt immer ein Verschulden voraus, das Schamgefühl nicht. Wenn wir wissen, daß jemand geisteskrank ist, so sehen wir in seinen schamlosen Handlungen nicht eine Verletzung des Anstandes. Wohl aber verletzt die Entblößung einer geisteskranken Frau den, der nicht daran gewöhnt ist, in seinem Schamgefühl, mag er sich auch zehnmal sagen, daß die Unglückliche schuldlos ist. Ähnlich ist es, wenn etwa ein Badender, dem die Kleider gestohlen werden, völlig nackt den Dieb verfolgt. Auch wer den Sachverhalt kennt, kann in seinem Schamgefühl verletzt werden. Das hängt damit zusammen, daß dieses viel tiefer und fester sitzt als das Anstandsgefühl; es wird nicht wie dieses durch Erwägungen der Vernunft unmittelbar beeinflußt. Daher kann es selbst von Tieren verletzt werden. Zwar solche Leute, die am Liebesleben der Schmetterlinge Anstoß nehmen, kommen wohl nur in Witzblättern von der Art des Simplicissimus vor. Bei Hunden ist es schon anders und mehr noch bei den Pavianen, über die Brehm [24]) den Ausspruch anführt: „Ihre Unanständigkeit geht über alle Begriffe. Kinder und Frauen darf man nicht in ihre Nähe bringen". Von der Aufführung des Mandrills z. B. werden bei Gelegenheit die meisten anständigen Frauen und auch viele Männer, besonders wenn Frauen dabei sind, ihr Schamgefühl verletzt fühlen. Von einer Verletzung des Anstandsgefühls kann hier keine Rede sein.

Wenn wir aber bei einer Verletzung des Schamgefühls dem Täter Verantwortung zuschreiben, so empfinden wir das als Verstoß gegen die Sittlichkeit. Die Verletzung des Anstandes ist dagegen nur ein Verstoß gegen die Sitte; sie kann zwar zugleich gegen die Sittlichkeit verstoßen, aber notwendig ist dies nicht, und wenn sie es tut, so bezeichnet man dies nicht mit, wenn man sie eben Anstandsverletzung nennt. Gegen die Sittlichkeit ist es z. B., den politischen Mord als Propagandamittel zu verherrlichen; mit dem Anstand hat das nichts zu tun.

Die Worte „anständig" und „unanständig" werden allerdings etwas anders gebraucht als „Anstand", nämlich auch im moralischen Sinne. Sie bezeichnen nicht nur das Verhältnis zur Sitte, sondern auch, ob ein Verhalten in geringerem Grade gegen die Sittlichkeit verstößt. So nennt man das Verhalten eines Handwerksgesellen unanständig, der durch schlechte Arbeit absichtlich Materialien seines Meisters verdirbt; würde er ihm sein Haus anzünden, so würde man das nicht unanständig, sondern unsittlich nennen. Das Wort „Anstand" wird nicht so wie „anständig" gebraucht. Man sagt nicht, es verstößt gegen den Anstand, wenn ein Geselle den Meister betrügt, sondern etwa, wenn er ihn nicht grüßt [25]).

Anstand ist nämlich die Regelung des äußeren Verhaltens der Menschen durch die Sitte. Man kann daher nicht sagen, eine Gesinnung verletze den Anstand, während man von einer unanständigen Gesinnung spricht. Insofern hat der Anstand eine gewisse Ähnlichkeit mit dem Recht gegenüber der Sittlichkeit. Anderseits hat er eine gewisse Beziehung zum Ästhetischen; die Anstandsverletzung berührt unser ästhetisches Empfinden, was bei einem Verstoß gegen die Sittlichkeit als solchem nicht der Fall ist. Doch verletzt nicht jedes unästhetische Verhalten den Anstand. Einen Besuch ohne Kragen und Kravatte zu machen, verletzt den Anstand; nicht aber, dabei eine gelb-grün-rot gestreifte Kravatte zu tragen, die gebildeten Augen weh tut. Das Gefühl der Anstandsverletzung ist nämlich ein ästhetisches bestimmter Art, das des Nichtzusammenpassens von Sitte und Verhalten. Notwendig ist ferner das Gefühl des Sollens, und das ist wieder das Gemeinsame mit dem Sittlichen gegenüber dem rein Ästhetischen. Wenn beim Ästhetischen das Gefühl auftaucht, das „sollte" so sein, z. B. Damen sollen sich nicht so stark parfümieren, daß es andern unangenehm wird, so kommt ein dem Ästhetischen an sich fremdes Gefühl aus dem Gebiet des Ethischen dazu, etwa nach dem Satze: man soll nichts tun, was das ästhetische Gefühl seiner Mitmenschen verletzt. Der Begriff des Anstandes enthält aber das „Sollen" begriffsmäßig in sich, die Anstandsregeln besagen nicht, was ist, sondern was sein soll. Die Verletzung des ästhetischen Empfindens entsteht hier erst aus dem Abweichen des Seins vom Sollen, oder steht doch wenigstens nur gleichwertig daneben.

Aber auch nicht jeder Verstoß gegen die Sitte verletzt zugleich den Anstand. So verletzt es den Anstand, zur Audienz bei einem Minister im Reiseanzug zu erscheinen, aber nicht, vormittags einen Besuch im Smoking zu machen. Zur Sitte gehört nämlich die Mode, Verletzungen dagegen sind aber keine Anstandsverletzungen. Die Gebiete der Sitte, die den Anstand nicht berühren, betreffen nur das, was tatsächlich üblich ist; hier fehlt sowohl das „Sollen" wie das ästhetische Empfinden. Wo dergleichen doch vorkommt, da entstammt es Ursachen, die außerhalb liegen. Eine Schauspielerin, die in einem Gegenwartsstück eine elegante Dame gibt, soll nicht die Mode von vor zwei Jahren tragen, weil das zum Charakter der Rolle ebensowenig paßt, als wenn sie als Schweizerin ein tiroler Kostüm tragen wollte: das „Sollen" bedeutet hier eine Berufspflicht. Zugleich kann es einen unästhetischen Eindruck machen, wenn sie so im Widerspruch zu ihrer Rolle gekleidet ist, aber nicht wegen der Unmodernität, sondern wegen des Empfindens des Zuschauers, einer so gekleideten Dame könne man die sonstigen Eigenschaften nicht zutrauen, die man aus ihrem Spiel entnehmen soll. So steht der Anstand zwischen der Sittlichkeit und dem rein Ästhetischen in der Mitte.

Wie nun der Anstand die verschiedensten Gebiete des menschlichen Lebens umfaßt, so auch das des Geschlechtlichen und des Nackten [26]). Hier entsteht aber nicht das sittliche Gefühl der Mißoffenbarung, sondern nur das sittlich-ästhetische Gefühl des Widerspruchs mit der Sitte. So wenn jemand einem ihm eben erst vorgestellten Herrn eine Anekdote mit sexueller Pointe erzählt, oder eine Dame mit einem ihr nicht sehr nahe stehenden Herrn über körperliche Erscheinungen ihrer Schwangerschaft spricht. Sehr häufig wird, wie bemerkt, Verletzung des Schamgefühls und des Anstandsgefühls zusammenfallen. Doch sind auch hier für die Person, die beide Empfindungen zugleich hat, diese meist leicht zu trennen. Natürlich gibt es Übergänge, sei es, daß man bisweilen von sich selbst nicht genau sagen kann, ob schon das Scham- oder nur das Anstandsgefühl verletzt ist, sei es, daß dasselbe, was bei dem einen das Schamgefühl erregt, beim andern nur das Anstandsgefühl berührt. Wenn A. in Gegenwart des Mannes B. zu dem jungen Mädchen C. erwähnt, daß ein Prinz, der in intimen Beziehungen zu einer Schauspielerin stehe, von dieser ein Kind habe, dann mag diese Äußerung bei C. das Schamgefühl verletzen, bei B. mag nur das Anstandsgefühl dadurch verletzt werden, daß A. dergleichen in seiner Gegenwart einem jungen Mädchen erzählt.

Auf dem Gebiete der Kunst spielt der Anstand eine geringere Rolle, da ihre hohen, ewigen Ziele den Künstler vom Zwange des Konventionellen, das nur ephemerer Natur ist, regelmäßig befreien [27]). Doch gilt das nicht ausnahmslos. Die besonderen Zwecke eines Kunstwerkes können die Beobachtung des Anstandes erfordern. So wird es gegen den Anstand in geschlechtlicher Beziehung, wenn auch nicht gegen das Schamgefühl, verstoßen, wenn in einem Andachtbuche für junge Mädchen gewisse derbe Ausdrücke der Bibel gebraucht werden, wenn auf dem Altarbilde einer Kirche nackte Frauen gemalt sind u. dgl. [28]) Je geringer aber die Bedeutung des Anstandsgefühls in der Kunst ist, um so wichtiger ist es, davon das Schamgefühl zu unterscheiden.

Das, was Anstand ist, wechselt nun vielfach, nicht grade so leicht und schnell wie die Mode — weshalb auch altmodische Kleidung nicht den Anstand verletzt —, aber doch sehr viel mehr als das Schamgefühl. Auch ist beim Anstandsgefühl der Unterschied zwischen den verschiedenen Bevölkerungsklassen viel größer. Das geht so weit, daß es z. B. das Anstandsgefühl eines Gebildeten nicht verletzt, wenn er Bauern in ihrer Schenke oder auf dem Felde in einer Weise essen sieht, die unter Seinesgleichen streng verpönt wäre.

Weil also das, was den Anstand verletzt, so sehr nach Zeit und Gesellschaftsklassen wechselt, was insbesondere auch für den geschlechtlichen Anstand gilt, eignet sich das Anstandsgefühl, auch auf dem Gebiet des Geschlechtlichen und des Nackten, nicht dazu, vom Gesetzgeber geschützt zu werden. Es ist auch nicht wichtig genug, um ein strafrechtliches Einschreiten zu rechtfertigen, wie es z. B. nach dem Strafgesetzbuch von New York und dem von Norwegen (§ 376) geschieht [29]). Freilich ist auch das geschlechtliche Anstandsgefühl des Schutzes würdig und bedürftig, doch kann das der Gesellschaft überlassen werden. Ganz anders das geschlechtliche Schamgefühl. Seine hohe Wichtigkeit werden wir sogleich erörtern. Dabei ist es zwar nicht unwandelbar und nicht in allen Gesellschaftsklassen gleich; aber es ändert sich weit langsamer und schwächer als das Anstandsgefühl, und seine Verschiedenheit bei den verschiedenen Klassen ist mit dem Anstand verglichen nur gering. Hier stehen wir heut dem alten Rom der Scipionenzeit, und steht der Minister dem Bauern viel näher als auf dem Gebiet des Anstandes, auch in geschlechtlicher Beziehung. Daher wird mit Recht das geschlechtliche Schamgefühl von fast allen Gesetzbüchern geschützt, nicht aber das Anstandsgefühl.

Dadurch aber, daß das, was unser Schamgefühl verletzt, meist auch unser Anstandsgefühl verletzt, haben sich öfters Gerichte und Schriftsteller verleiten lassen, das Unzüchtige in einer Verletzung des geschlechtlichen Anstandes zu suchen [30]). Hieran ist nach dem Vorstehenden nur so viel richtig: beides fällt tatsächlich so oft zusammen, daß man, wenn man das geschlechtliche Anstandsgefühl verletzt findet, allen Anlaß hat zu prüfen, ob auch das Schamgefühl verletzt wird, und ehe man diese Frage verneint, sich Rechenschaft darüber zu geben hat, weshalb dies nicht der Fall ist. Insofern rechtfertigt es sich, daß die Gerichte sich so oft mit dem Anstandsgefühl befassen, wenn sie die Frage des Unzüchtigen zu entscheiden haben [31]). Aber in eine Begriffsbestimmung des Unzüchtigen gehört es nicht hinein.

Daß das Schamgefühl sehr viel tiefer wurzelt, als das Anstandsgefühl, daß es sich gegen den Einfluß der Vernunft so viel spröder verhält, daß es weniger wechselt, alles das beruht wohl darauf, daß es älter ist. Daher findet es sich bei allen Völkern, allerdings in verschiedener Weise ausgeprägt; auch bei den Naturvölkern, selbst bei solchen, die völlig nackt gehen [32]). Trotzdem ist es überwiegend nur in seiner Anlage angeboren, nicht in seinen Äußerungen, und wird größtenteils durch die Erziehung erworben. Ähnlich wie ein Kind trotz seiner ausgebildeten Sprachorgane doch, ohne das Sprechen zu hören, nie sprechen lernt, so lernt es ohne Erziehung nicht, sein Schamgefühl verletzt fühlen, wenigstens in den meisten Beziehungen. Ob sich nicht ohne Erziehung gewisse Regungen des Schamgefühls im Geschlechtsleben des Menschen von selbst einstellen würden, das ist wohl kaum zu ermitteln [33]).

Die Nichtausbildung des Schamgefühls kann sich auf gewisse Gebiete beschränken. Wenn ein Kind sich gewöhnt hat, die gänzliche Nacktheit des Menschen als schamverletzend zu empfinden, so wird es dies von selbst auch auf nackte Statuen übertragen; ist es aber von vornherein stets von derartigen Kunstwerken umgeben gewesen, so wird sein Schamgefühl in dieser Hinsicht gar nicht erst entwickelt, und sein Gefühl — nicht, oder nicht nur seine Vernunft — behandelt die Nacktheit bei Menschen und bei Kunstwerken als etwas Verschiedenes.

Auch bei Erwachsenen ist das Schamgefühl nichts Unwandelbares. So spröde es gegen Vernunfteinfluß ist, so leicht wird es durch die Gewohnheit abgestumpft. Wie schnell und völlig verlieren Mädchen, die sich der Prostitution ergeben, das geschlechtliche Schamgefühl, auch in solchen Dingen, wo ihr Gewerbe es nicht so zu sagen erfordert [34]). Viel allgemeiner sind die Fälle, wo die Gewohnheit, oft unterstützt durch die Vernunft, aber nie durch sie ersetzt, das Schamgefühl auf beschränkten Gebieten abstumpft. Das machen wohl die meisten gebildeten Menschen durch, wenn sie im Jugendalter sich zuerst mit wissenschaftlichen Büchern über Geschlechtsleben und Fortpflanzung befassen oder mit dem Nackten in der Kunst.

Anfangs hindert alles wissenschaftliche oder Kunstinteresse, alles was die Vernunft sagt, nicht, daß das Schamgefühl verletzt wird. Schon die gegebenen Beispiele zeigen, wie unentbehrlich solche teilweise Abstumpfung des Schamgefühls ist. Dabei ist aber nicht zu vergessen, daß sie niemals ungefährlich ist, denn sie hat das Bestreben, von ihrem beschränkten Bezirk auf andere Gebiete überzugreifen und sich zu verallgemeinern. Ein Mensch, der gern obszöne Worte gebraucht, kann vielleicht mit mehr Recht als einst Ovid von sich sagen:

Crede mihi, distant mores a carmine nostro,

Ist auch lose mein Lied, so ist mein Wandel doch anders.

Aber leicht kann es kommen, daß durch die Worte auch die Gedanken vergiftet werden. Deshalb macht es einen Unterschied, ob auf einem Gebiet ein Mensch von Jugend auf das Schamgefühl nicht kennt, oder ob er es später durch Abstumpfung verliert. Und dieses ist daher, wenn nichts mindestens gleich Wertvolles dafür gewonnen wird, nicht als gleichgültig zu betrachten.

Nun rührt aber die große Verschiedenheit in den Äußerungen des Schamgefühls, die wir auch innerhalb desselben Volkes und Zeitalters finden, nicht nur von der Verschiedenheit der Erziehung und von der Abstumpfung her. Das Schamgefühl wird nämlich auch davon stark beeinflußt, welche andern Seelenvorgänge mit ihm gleichzeitig sind, mit andern Worten, durch die gleichzeitigen andern Interessen des Menschen. Wer von einem nackten Wahnsinnigen mit einem Messer bedroht wird, der wird über dem Gefühl der Angst gar nicht das Gefühl der verletzten Scham haben. Ebenso wird durch die schamlosen Handlungen eines Geisteskranken der Irrenarzt, der ein berufliches Interesse daran hat, sich weniger leicht verletzt fühlen als der Laie; der besorgte Angehörige weniger als der Fremde; der Menschenfreund weniger als der kalte Lebenskünstler. Ich komme darauf noch eingehender zurück.

Doch trotz aller dieser Verschiedenheiten bei der Äußerung ist das Schamgefühl — mit wenigen Ausnahmen — allen Menschen eigen und wird überall den Kindern nicht nur durch das Beispiel, sondern auch durch Lehren anerzogen. Das muß doch einen Grund haben. Zwar handeln die meisten Erzieher dabei nach Überlieferung und denken dabei nicht weiter an den Grund; aber wenn die Pflege des Schamgefühls nicht nützlich wäre, nicht menschliche Zwecke förderte, wäre es schon längst der modernen Zweifelsucht zum Opfer gefallen wie der frühere fast religiöse Respekt vor der herrschenden Staatsgewalt oder der Glaube an einen persönlichen Teufel. Wo das überlieferte Schamgefühl an einzelnen Stellen nicht förderlich wirkt, da bemüht man sich ja in der Tat, es zu beseitigen, und auch mit Erfolg.

Was die Pflege des Schamgefühls so wichtig macht, ist vor allem seine Bedeutung für die geschlechtliche Sittlichkeit [35]). Diese besteht nun hauptsächlich in der erforderlichen Beherrschung des Geschlechtstriebs. Jeder natürliche Trieb muß unter Umständen beherrscht werden, wenn die menschliche Gesellschaft bestehen soll. Der durstende Soldat darf seinen Posten nicht verlassen, der müde Kutscher darf auf dem Bock nicht schlafen usw. Kein Trieb aber muß so oft beherrscht werden wie der Geschlechtstrieb, keiner so allgemein und unter so schwierigen Umständen, keiner mit so vielen Opfern an Menschen. Das hängt wohl damit zusammen, daß er eine für unsere Kulturverhältnisse zu große Stärke hat. Er hat seine Kraft aus einer Zeit, wo die Menschheit noch eines starken Zeugungstriebes bedurfte, um so viel Nachkommen hervorzubringen, daß ihr Fortbestand gesichert war, trotz aller Gefahren, die ihr drohten. Wenn auch bei den Urmenschen vielleicht niemals vollkommene geschlechtliche Ungebundenheit bestanden hat und eheähnliche Einrichtungen von jeher dagewesen sein mögen, so brauchte der Mensch damals doch seinen Geschlechtstrieb im allgemeinen kaum jemals zu beschränken [36]). Seitdem hat der Bedarf an Nachkommen abgenommen. Das Leben der Menschen ist so sicher geworden, daß bei sehr geringer Kindererzeugung eine gewaltige Vermehrung des Menschengeschlechts gesichert ist, falls nur solche Umstände günstig sind, die durch keine Vermehrung der Kindererzeugung ersetzt werden können, wie vor allem die Menge der Unterhaltsmittel. Dabei kann seit jenen Urzeiten, die auch für die heutigen Naturvölker wohl meist der Vergangenheit angehören, der Geschlechtstrieb kaum abgenommen haben. In den wenigen Jahrtausenden, die den heutigen Kulturmenschen von seinen fast werkzeuglosen Ahnen trennen, konnte nur eine geringe physische und psychische Änderung der Menschennatur eintreten. Vielleicht ist der Geschlechtstrieb infolge von Einflüssen des Kulturlebens zweckwidrigerweise sogar stärker geworden. Das hat seit den Anfängen der Kultur zur Beschränkung der Betätigung des Geschlechtstriebes geführt, anfangs allein durch die Sitte, dann durch Sitte und Recht. Am meisten wurden die Frauen beschränkt, wohl zunächst als Gattin, dann als Sklavin, zuletzt auch als freie Jungfrau, obgleich die Reihenfolge bei manchen Völkern auch anders gewesen sein mag. Die Frau durfte niemand angehören als ihrem Gatten oder Herrn, sonst drohte ihr Strafe. Auch das freie Mädchen, wenigstens der höheren Stände, erlitt, wenn sie sich hingab, Nachteile durch Minderung ihrer Ehre. Viel freier war noch lange Zeit hindurch der Mann. Er durfte auch außer der Ehe und seiner Herrengewalt seinem Triebe folgen, soweit er nicht in fremde Rechte eingriff. Die Frauen und Sklavinnen anderer waren ihm versagt, wenigstens ohne Zustimmung des Berechtigten, die später bei der Frau die Sitte verbot. Darin lag schon eine gewisse Beschränkung. Auch Gewalt und Überlistung waren ihm verboten, vielfach verbot ihm die Sitte auch die Vereinigung mit Mädchen und Witwen aus angesehener Familie. Das Christentum brachte einen neuen sittlichen Grundsatz, erst nur kirchlich theoretisch, der dann langsam und unvollkommen in die Volksanschauung drang. Danach verbietet die Sittlichkeit *jeden* geschlechtlichen Verkehr außer der Ehe. Wenn dieser Grundsatz auch insofern den heutigen gegebenen Verhältnissen entspricht, als die ehelichen Geburten in fast allen Ländern genügen, um eine reichliche Volksvermehrung zu bewirken, so widerspricht er doch anderseits wieder dem Gegebenen, als zahlreiche Männer und Frauen gar nicht oder erst spät zur Ehe gelangen, und so jenes Sittengebot für sie eine immer oder doch lange dauernde unnatürliche Enthaltsamkeit bedeutet. Daher ist der Grundsatz der völligen außerehelichen Keuschheit — ganz abgesehen von seiner Betätigung im wirklichen Leben — auch heute noch nicht vollständig in das allgemeine Sittlichkeitsgefühl eingedrungen, und grade in neuerer Zeit zeigt sich eine energische Reaktion dagegen. Es ist nicht richtig, wenn das Reichsgericht in der Entscheidung vom 20. März 1902 (in Goltd. Arch. 49, 138) behauptet, nach den in Deutschland vorherrschenden Anschauungen von Zucht und Sitte sei der außereheliche Geschlechtsverkehr, folglich auch jede erkennbare Hinweisung auf ihn, an sich schamlos. Wer das behauptet, hat den Zusammenhang mit den Anschauungen seines Volkes verloren.

Doch für uns kommt es nicht darauf an, wieweit eine Beschränkung des Geschlechtsverkehrs geboten ist. Für uns ist nur wichtig, daß eine oft recht weitgehende und schwierige Beherrschung des Triebes notwendig ist, wenn Ordnung und Kultur bestehen sollen. Denn darüber besteht doch wohl kein Zweifel, daß, wenn jeder in dieser Richtung einfach seinem Triebe folgte, unsere ganze Gesellschaft dem Untergange verfallen würde. Es handelt sich dabei nicht etwa darum, daß zuviel Kinder erzeugt würden; das wäre, wie wir gleich sehen werden, nicht zu befürchten. Vielmehr wäre mit der vollständigen geschlechtlichen Ungebundenheit unvereinbar die Ehe und die Familie, worauf unser Staat und unsere Gesellschaft aufgebaut ist, und damit die geeignete Fürsorge für die künftigen Geschlechter [37]). Doch auch die Kindererzeugung selbst leidet unter solcher Ungebundenheit. Schon wenn die geschlechtlichen Sitten zu leicht werden, führt das, wie die Erfahrung zeigt, in Kulturstaaten leicht zur Entartung und Entvölkerung, also zur Ausmerzung des ausschweifenden Volkes. Der starke Geschlechtstrieb, dessen freie Entfaltung im Urzustande zur Erhaltung der Rasse nötig war, hat also im Kulturzustande, wenn er nicht gezügelt wird, die entgegengesetzte Wirkung. Vor allem ist ein solches entartetes Volk nicht mehr imstande, schwere Schläge, die es anderswoher treffen, zu überwinden. Man vergleiche das jugendkräftige Hellas nach den Verwüstungen der Perserkriege mit dem entvölkerten Hellas nach der Schlacht bei Chaironeia, ferner Rom nach dem hannibalischen Kriege und nach den Bürgerkriegen [38]). Auch ist es wohl kein Zufall, daß die Franzosen, die von allen Völkern am meisten als zu geschlechtlichen Ausschweifungen geneigt gelten, die geringste Geburtenziffer und Volksvermehrung haben — Neigung zum Kindererzeugen und Neigung, der Geschlechtslust zu leben, stehen eben bei ganzen Völkern oft im umgekehrten Verhältnis zueinander. Gewiß hat die Bevölkerungsabnahme von Hellas und Rom und der Stillstand der französischen Bevölkerung noch andere Ursachen, aber der Verfall der geschlechtlichen Sitten bewirkt doch, daß eine starke Vermehrungstendenz fehlt, die sonstige Störungen ausgleicht, wie in Deutschland nach den ungeheuren Einbußen in den napoleonischen Kriegen.

Diesen Wert der Beschränkung des Geschlechtstriebes hat man früh erkannt, und nicht mit Unrecht rühmt Tacitus die Keuschheit der Germanen gegenüber seinen römischen Landsleuten.

Bei der großen Schwierigkeit, grade dem Geschlechtstrieb zu widerstehen, bedarf es der eifrigsten Pflege alles dessen, was die Widerstandsfähigkeit stärken kann. Das sittliche Gefühl der Menschen reicht in diesem Kampfe nicht aus — es bedarf eines starken Bundesgenossen, und das ist das Schamgefühl. Es verhindert, daß Versuchungen allzuhäufig an den Menschen herantreten, mehr aber noch, daß seine Sinne zu oft und zu stark erregt werden. Wer sich eines regen geschlechtlichen Schamgefühls erfreut, der geht vielen Versuchungen von selbst aus dem Wege — ein mit Unrecht verspottetes Mittel der Selbsterziehung — und der empfindet oft Widerwillen, wo andere ihre Sinne erregt fühlen. Er ist sicherer gegen die gröberen wie feineren Reizungen der Sinnlichkeit. Natürlich macht das Schamgefühl den Menschen nicht zum unverwundbaren Heros im Kampfe mit den Trieben, nicht einmal dann, wenn er dazu mit dem Panzer fester Sittlichkeit angetan ist, es bleibt immer eine Achillesferse; aber wie ganz anders ist er doch geschützt als jemand, dessen Schamgefühl brüchig ist, besonders in der Jugend!

Man führt auch noch andere günstige Einflüsse des Schamgefühls auf das Geschlechtsleben an, die zwar minder wichtig sind als die genannten, aber doch nicht ohne Bedeutung [39]). So hindert das Schamgefühl mit die jungen Leute, besonders die Mädchen, vor dem schädlichen frühen Beginn des Liebeslebens und auch vor der wahllosen Hingabe, die zur Entartung der Rasse führt [40]).

Nun gehört aber das Schamgefühl nicht zu den Seelenfähigkeiten, die durch häufige Erprobung immer stärker werden, sondern häufige Verletzung stumpft es, wie schon bemerkt, durch Gewöhnung ab, ähnlich wie sich das Gehör durch vieles laute Geräusch abstumpft. Darum hat man es möglichst vor Verletzungen zu schützen, vor allem in der Jugend, wo es am leichtesten verloren geht.

Ferner aber haben solche Werke, die das Schamgefühl verletzen, meist auch zugleich die Wirkung, daß sie die geschlechtliche Lüsternheit anreizen, wodurch unmittelbar oft dieselben Schäden veranlaßt werden, zu deren mittelbarer Abwehr das Schamgefühl dient. Dieser Zusammenhang ist häufig kein rein zufälliger. Denn gerade weil das Geschlechtsleben und was damit zusammenhängt infolge des Schamgefühls verborgen gehalten zu werden pflegt, hat seine Offenbarung um so größere Wirkung. Können doch schon einzelne Worte, deren Gebrauch das Schamgefühl der guten Gesellschaft verpönt, anreizend wirken [41, 42]). Um so mehr ausführliche Schilderungen durch Wort und Bild. Bei Völkern, die gewohnt sind, die weibliche Brust unbekleidet zu sehen, wird deren Anblick in der Wirklichkeit oder in der Bildkunst meist keinen geschlechtlichen Reiz ausüben, während er bei den Kulturvölkern in hervorragendem Maße hierzu geeignet ist. Bezeichnend hierfür ist die griechische Sage, wonach Menelaos, als er die Helena töten wollte und sich durch ihr schönes Antlitz nicht rühren ließ, durch den Anblick ihres enthüllten Busens bezwungen wurde. Von der Phryne wollen wir zu Ehren ihrer Richter annehmen, daß ihr Busen wirklich schöner war als ihr Gesicht, und daß wir sie also hier als Beispiel nicht gebrauchen können.

Doch ist der Zusammenhang zwischen Schamgefühl und Anreizung kein notwendiger. Es ist ein Irrtum, anzunehmen, unser Schamgefühl werde durch das Empfinden verletzt, daß ein Werk geschlechtlich anreizend wirkt [43]). Auf diese Empfindung als solche reagiert es nicht. Man denke an die zahlreichen literarisch wertlosen Romane und Lieder, die, ohne im geringsten anstößig zu sein, die Sinne der Jugend erregen, und die jeder verurteilt, dem die geschlechtliche Sittlichkeit am Herzen liegt, und die doch niemandes Schamgefühl berühren. Ja, das Gefühl der Schamverletzung, wenn vorhanden, wird nicht einmal immer durch den größeren sinnlichen Reiz eines Werkes verstärkt. Denn oft kann der Reiz durch den Zauber der Kunst erhöht werden, während durch Anregung des ästhetischen Empfindens die Verletzung des Schamgefühls geringer wird. Das wird mancher nicht glauben wollen; und ich will nicht leugnen, daß oft die künstlerische Ausführung verhindert, daß die niederen Triebe geweckt werden. Doch vermag sie auch das Gegenteil. Wenn ein Tyrtaios besser als ein beliebiger patriotischer Verseschmied den Kampfesmut entflammen kann, so kann auch ein Ovid die Lüsternheit mächtiger entzünden als irgendein kümmerlicher Pornograph [44]).

Zudem wirkt nicht etwa n u r dasjenige sinnlich erregend, was gewöhnlich verborgen gehalten wird, also nicht nur das, was überhaupt Gegenstand für das Schamgefühl sein kann. Auch bei den Völkern, die die Brust der Frau nackt zu sehen gewohnt sind, wird ein schöner Busen nicht selten Anlaß zur Erregung der Sinnlichkeit geben, gerade wie bei uns das Gesicht, das Haar, die Hände einer schönen Frau [45]). Es ist nicht wahr, daß man nur nichts zu verhüllen brauche, um dem Anblick des Nackten allen Anreiz zur Lüsternheit zu nehmen.

Jedenfalls aber haben Schamverletzung und Sinnenreiz, wenn auch begrifflich und oft tatsächlich voneinander getrennt, doch das gemein, daß sie häufig derselben Ursache entspringen: der Enthüllung von etwas Verborgenem, das mit dem Geschlechtlichen zusammenhängt, und darum ist es, wie gesagt kein Zufall, daß sie oft miteinander verbunden sind. Und dieses häufige Zusammenfallen gibt einen Grund mehr, das Schamgefühl vor Verletzungen zu schützen.

Das Beste für solchen Schutz tut freilich die Erziehung, die das Schamgefühl weckt und pflegt, und das Sittlichkeitsgefühl im Volke, das seine Verletzung nicht duldet. Die Wirksamkeit des Gesetzes kommt erst in zweiter Reihe. Auch hier gilt das alte Wort des Tacitus von den guten Sitten, die bei einem unverdorbenen Volke mehr wirken als bei einem verdorbenen die guten Gesetze. Aber darum ist der Schutz des Schamgefühls durch die Gesetze doch unentbehrlich; ihre Aufgabe ist es, die am stärksten und weitesten wirkenden Schamverletzungen zu verhindern. Zu diesen gehört die Verletzung durch Schriften, Abbildungen und sonstige Darstellungen, weil diese, wie schon bemerkt, der weitesten Verbreitung fähig sind und sehr große Kreise des Publikums gleichzeitig schädigen können [46]).

Unser Gesetz schützt also ein G e f ü h l, weil dessen Pflege für besonders wertvoll gilt. Solchem Gefühlsschutz ist unsere moderne Gesetzgebung im allgemeinen nicht günstig, und es finden sich bei uns nur wenige, ihm dienende strafrechtliche Bestimmungen, z. B. die über Gotteslästerung (§ 166 StGB.) und über beschimpfenden Unfug an Gräbern (§ 168 StGB.). Früher ging man darin weiter. So bestrafte das jetzt längst beseitigte französische Gesetz vom 17. Mai 1819 in Art. 8 jede Verletzung der öffentlichen und religiösen Moral und der guten Sitten, begangen durch gewisse Schriften u. dgl. Man hat sich inzwischen überzeugt, daß viele großen Kulturfortschritte nicht ohne Verletzung der Gefühle zahlreicher Menschen geschehen können, und daß jeder Verkünder einer neuen Wahrheit von sich sagen kann: „Selig ist, wer sich nicht an mir ärgert." Darum ist man viel vorsichtiger geworden im Schutz der Gefühle. Mit Recht aber hat unser Gesetzgeber das geschlechtliche Schamgefühl für wichtig genug gehalten, um sich seinen Schutz nach wie vor angelegen sein zu lassen. Zwar ist auch hier der Zusammenstoß mit den Vertretern anderer Interessen nicht ausgeblieben, aber wir werden sehen, daß bei richtiger Auslegung unser Gesetz dem Gedeihen und dem Fortschritt der Kunst nicht im Wege steht. Auch steht es durchaus in Übereinstimmung mit der Mehrheit der ausländischen Gesetzgebung und geht in seinen Verboten jedenfalls nicht weiter als diese [47]).

Kapitel 4.

Der Begriff des Unzüchtigen im § 184.

Der Begriff des Unzüchtigen im Sinne des § 184 ist aus dieser Gesetzesbestimmung selbst zu entnehmen. Zwar findet er sich auch sonst wiederholt im Strafgesetzbuch, so in dem uns schon bekannten § 183, ferner in § 174 Nr. 1—3 und § 176 Nr. 1 u. 3; aber es würde uns nicht fördern, zu untersuchen, welche Bedeutung dort das Wort „unzüchtig" hat, da der Begriff in allen diesen Paragraphen keineswegs derselbe ist, vielmehr jedesmal aus dem Zusammenhange besonders ermittelt werden muß [48]).

Es liegt nun nahe, von dem Hauptwort auszugehen, von dem das Eigenschaftswort „unzüchtig" abgeleitet ist, also von „Unzucht" Das ist eine unerlaubte geschlechtliche Handlung, richtiger eine solche, die an sich unerlaubt ist. Wenn Ehegatten sich vereinigen, so treiben sie nicht Unzucht, mögen sie sich auch nicht in der gebotenen Weise dem Blick anderer entziehen. Wohl aber kann darin eine unzüchtige Handlung liegen, gerade wegen der Öffentlichkeit. Also deckt sich der Begriff des Unzüchtigen nicht mit dem der Unzucht. Unzüchtig wäre hiernach etwas, das irgendwie gegen die Sittlichkeit in geschlechtlicher Beziehung verstößt, sei es auch nur wegen der besonderen begleitenden Umstände. Aber diese Erklärung ist immer noch zu weit, wenn es sich um Schriften und Darstellungen handelt. Wenn jemand, wie etwa Ellen Key, eine neue geschlechtliche Ethik lehrt, wonach die Gebundenheit der Ehe verwerflich und die Vereinigung in freier Liebe nicht nur gestattet, sondern erstrebenswert ist, so verstößt solche Lehre zwar gegen unsere Sittlichkeit in geschlechtlicher Beziehung, aber wir nennen sie nicht unzüchtig, ebensowenig die Schrift, die sie enthält. Entsprechend würde man ein Bildwerk, das den Sieg des Eros, als Vertreters der freien geschlechtlichen Liebe, über Hymen darstellt, oder eine Apotheose der Francesca von Rimini, wie sie mit ihrem Mitschuldigen von Engeln zum Himmel getragen wird, nicht als unzüchtig bezeichnen. In dieser Verbindung, wie wir sie im § 184 haben, bedeutet also „unzüchtig" nicht das, was materiell gegen die geschlechtliche Sittlichkeit verstößt, sondern die Bedeutung ist eine mehr formelle: es ist das, dessen Wiedergabe gerade in Schrift und Bild von der geschlechtlichen Sittlichkeit verboten wird, wobei natürlich nicht nur an schamlose Ausdrücke zu denken ist. Nicht der Gegensatz gegen unser sittliches Empfinden macht ein Werk unzüchtig, sondern die Benutzung der Schrift, Abbildung oder Darstellung zur Vorführung von Dingen, die nach unserm sittlichen Empfinden wegen ihrer geschlechtlichen Beziehungen solche Vorführung nicht vertragen, also die Mißoffenbarung geschlechtlicher Dinge. Und das ist eben das, was das Schamgefühl verletzt [49]).

Man hat gegen diese Erklärung des Unzüchtigen eingewendet, daß sie zu unbestimmt sei, da nicht feststehe, auf w e s s e n Schamgefühl es ankomme, und doch das Schamgefühl bei verschiedenen Menschen sehr verschieden reagiere [50]). Dieser allerdings gewichtige Einwand wird sich im Laufe unserer Untersuchung dadurch widerlegen, daß sich zeigen wird, daß es doch objektive Merkmale gibt, nach denen es sich entscheidet, auf was für ein Schamgefühl es ankommt [51]).

Ferner wird angeführt [52]), manche Schriften verletzten nicht das Schamgefühl und seien doch unzüchtig, weil sie den Geschlechtstrieb des Lesers reizten, wie Schlegels Lucinde und Wielands Agathon, andere wieder verletzten das Schamgefühl, ohne unzüchtig zu sein, wie z. B. Homer oder Shakespeare, welcher letztere mitunter starke, schamverletzende Worte gebrauche. Allein wir werden noch sehen, daß die Werke, die anreizend auf den Geschlechtstrieb wirken, wenn sie nicht, wie meistens, zugleich schamverletzend sind, nicht als unzüchtig gelten und für das Strafgesetz überhaupt unfaßbar sind. Wenn aber Schlegel und Wieland stellenweise nicht nur lüstern, sondern schamverletzend sein sollten — was aber schwerlich zutrifft —, so kann es sich doch nur um einzelne Stellen handeln, die, wie an seinem Ort [53]) auszuführen sein wird, nicht das ganze Werk zu einem unzüchtigen machen. Ebenso erklärt es sich auch, daß einzelne schamverletzende Stellen bei Homer und Shakespeare, wenn es solche gibt, doch den Charakter des Ganzen nicht bestimmen. Näher kann hier darauf nicht eingegangen werden [54]).

Von manchen, deren Erklärung des Unzüchtigen der hier gegebenen gleicht, wird noch verlangt, daß es das Schamgefühl gröblich verletze [55]). Auch das Reichsgericht hat anfangs dies Erfordernis aufgestellt, hat es dann aber in späteren Entscheidungen fallen lassen [56]). Mit Recht. Denn dadurch, daß nicht jede Verletzung des geschlechtlichen Anstandes, wie oben ausgeführt, schon eine Verletzung des Schamgefühls ist, scheiden von selbst alle Verstöße geringerer Bedeutung aus. Ist aber einmal das Schamgefühl verletzt, so bedeutet das in jedem Falle die Gefahr, daß es sich abstumpft und dann die erwähnten verderblichen Folgen für die Allgemeinheit eintreten. Eine besondere Gröblichkeit der Verletzung ist hiernach nicht erfordert und liegt auch nach dem allgemeinen Sprachgebrauch nicht in dem Worte „unzüchtig".

Kapitel 5.

Kunst und Schamgefühl.

War es die Aufgabe unseres Gesetzgebers, das geschlechtliche Schamgefühl vor Beeinträchtigung zu schützen, so durfte er doch sein Augenmerk nicht hierauf allein richten. Er mußte zugleich darauf achten, daß er wichtige andere Interessen nicht schädigte. Würde er jedes Werk der Bild- und Dichtkunst unter Strafe stellen, das das Schamgefühl irgendeines nicht gerade abnormen Menschen irgendwie verletzte, dann wären weder Goethe noch Shakespeare, weder Praxiteles noch Michel Angelo vor ihm sicher. Er hat dies durch die Wahl des mehrdeutigen Ausdrucks „unzüchtig" zu vermeiden gesucht, und es der Rechtsprechung und Wissenschaft überlassen, die richtige Auslegung zu finden. Wer das für einen Fehler hält, möge sich die ausländische Gesetzgebung [47]) ansehen und sagen, ob die Ausdrücke, die er dort findet, unzweideutiger sind. Ich denke, der Ausdruck ist gut gewählt [57]), und unser neues, in Vorbereitung befindliches Strafgesetzbuch wird auch keinen andern gebrauchen. Und die „unzüchtigen Schriften und Darstellungen", die sich schon in vielen älteren Strafgesetzbüchern der deutschen Einzelstaaten finden, angefangen mit dem sächsischen von 1838, werden ihren Platz im Strafgesetz noch behaupten, wenn man die Definition des Diebstahls in unserm § 242 StGB. längst für veraltet halten und über unsern Betrugsparagraphen (§ 263 StGB.) lächeln wird.

Die Auslegung hat also nicht nur den Schutz des Schamgefühls zu berücksichtigen, sondern auch die andern Interessen, die der Gesetzgeber wahrzunehmen hatte. Das Gesetz darf nicht der Wissenschaft und der Kunst den Atem nehmen, und nicht alle Werke verbieten, die das geschlechtliche Leben behandeln oder unreine Begierden erwecken könnten. Daß man hierin zuweit gehen kann, haben unsere Gesetzgeber auch eingesehen, als es sich um die berüchtigte sogenannte Lex Heinze handelte. Dieser Gesetzentwurf beschäftigte sich unter anderm auch mit unzüchtigen Schriften, Abbildungen und Darstellungen. Er begnügte sich aber nicht damit, den Kreis der strafbaren Handlungen, die damit vorgenommen werden können, zu erweitern, sondern wollte auch gewisse, nicht gerade unzüchtige Werke treffen. Der Regierungsentwurf vom 2. Februar 1892 wollte den bestrafen, der „an öffentlichen Straßen oder Plätzen Abbildungen oder Darstellungen ausstellt oder anschlägt, welche, ohne unzüchtig zu sein, durch gröbliche Verletzung des Scham- und Sittlichkeitsgefühls Ärgernis zu erregen geeignet sind". Der Entwurf von 1899 war schon milder: er wollte nur den treffen, der derartige Schriften, Abbildungen oder Darstellungen zu geschäftlichen Zwecken und in der Absicht, das Schamgefühl zu verletzen, an öffentlichen Straßen oder Plätzen ausstellt usw. Im Jahre 1900 folgte diesem Entwurf der Reichstag in zweiter Beratung, doch machte er den Zusatz, daß es auch strafbar sein sollte, derartige Werke Personen unter 18 Jahren gegen Entgelt zu überlassen oder anzubieten.

Freunde wie Gegener der Vorlage waren der Ansicht, daß hierdurch dem geschlechtlichen Schamgefühl ein weiterer Schutz als bisher gewährt würde. Wenn dies auch nicht zutraf, wie unten auszuführen ist [58]), so war diese Ansicht doch für das Schicksal der Vorlage entscheidend; und da die Gegner schließlich durchdrangen, so siegte mit ihnen auch die Meinung, daß andere berechtigte Lebensinteressen nicht zugunsten des Schamgefühls zurückgedrängt werden dürften. Das Ergebnis war, daß man sich im wesentlichen damit begnügte, die Jugend zu schützen, indem man bei Strafe verbot, Personen unter 16 — nicht 18 — Jahren unzüchtige Werke gegen Entgelt zu überlassen oder anzubieten, und dasselbe Verbot mit geringerer Strafe auch auf Werke erstreckte, die, ohne unzüchtig zu sein, das Schamgefühl gröblich verletzen (§ 184 Nr. 2 und § 184a StGB.).

Von den gleichwertigen Interessen, die der Gesetzgeber beachten muß, ist das einleuchtendste das der Wissenschaft. Sie muß sich mit dem Körper des Menschen und seinem Geschlechtsleben befassen, sie hat dabei nur der Erkenntnis und der Wahrheit zu dienen und darf vor keiner Strafe umkehren. Ja sie hat auch dem Volke ihre Errungenschaften in gemeinverständlicher Form zugänglich zu machen, ganz besonders die Erkenntnis vom menschlichen Körper und vom geschlechtlichen Leben, die alle interessiert und mit der jeder sich beschäftigen muß.

Doch neben der Wissenschaft steht als mächtige Kulturbringerin die Kunst, mögen auch weniger Menschen unmittelbar ihre Segnungen erfahren. Der Dienst des Schönen steht gleichberechtigt dem der Sittlichkeit und dem der Erkenntnis zur Seite. Leider verschließen sich auch unter den Gebildeten gar viele der Einsicht, daß das Gute und das Schöne *beide* unentbehrliche Kulturträger sind [59]).

Nach beiden Richtungen wird gefehlt. Da gibt es Sittlichkeitsapostel, die alles Schöne vernichten oder doch verstecken möchten, wenn es nur entfernt geeignet ist, die Sinnlichkeit zu erregen. Solche Menschen verhüllen im Vatikan das Wunderwerk der knidischen Venus, sie verunzieren die nackten klassischen Statuen in München und selbst in Rom mit Feigenblättern aus Blech, sie erklären im Deutschen Reichstag vom Bundesratstische aus Kellers „Romeo und Julia auf dem Dorfe“ für ein unsittliches Buch und in Amerika meint ein Präsident, jeder, dessen Haus ein Exemplar von Boccaccios Decamerone beherberge, müsse lebenslänglich eingesperrt werden [60]).

Gegenüber diesen Banausen und Sittlichkeitsfanatikern gibt es wieder bloße Ästheten, die den Kultus des Schönen für den allein menschenwürdigen halten, und denen es barbarisch und lächerlich erscheint, wenn Sittlichkeit und Schamgefühl es wagen da mitzureden, wo das Schöne herrscht. Sie nennen die achtzehn Jahrhunderte, denen wir unsere christliche Moral verdanken, barbarisch, heuchlerisch und häßlich, sie schwärmen für eine Zeit, wo nach ihrer Meinung die menschliche Nacktheit sich in Gestalt einer gottgeweihten Hetäre vor den 20 000 Pilgern in Eleusis enthüllen durfte [61]), sie erklären die künstlerische Darstellung einer Begattungsszene für etwas Heiliges und Weihevolles [62]), sie schätzen die in Seide gehüllte Dirne höher als die ehrsame Bürgersfrau mit ihrer Wollwäsche, sie erklären, halb im Scherz, halb im Ernst, die ganze Sittlichkeit für eine Erfindung des Teufels, um die Menschen zu quälen.

Die ersten schelten jeden, der an der Darstellung des Nackten seine Freude hat, einen sittenlosen Menschen, die andern erklären den, der an schamverletzenden Darstellungen, mögen sie auch ästhetisch hoch stehen, Anstoß nimmt, für einen Heuchler und schmutzigen Zeloten, gerade wie manche musikalisch Unbegabte glauben, das Entzücken der Musikfreunde sei Heuchelei, im Grunde langweilten sich diese ebenso wie sie selbst. Die ersten bekämpft man am besten durch Verbreitung von guten Schriften und Kunstwerken im Volke, die zu diesem Zwecke durchaus nicht gerade Nacktes oder Erotisches darzustellen brauchen; den unheilvollen Einfluß der andern kann auch das Gericht bekämpfen, indem es sich durch kein Geschrei und keine Witzelei abhalten läßt, das unzüchtige Werk zu verfolgen, mag es auch den bloßen Ästheten noch so göttlich erscheinen.

Gewiß ist es wahr, daß die Bildkunst nicht auf die Darstellung des Nackten und Erotischen, die Dichtkunst nicht auf die Darstellung des Geschlechtlichen verzichten kann. Die Kunst hat alle Höhen und Tiefen des Menschenlebens zu umfassen und kann nicht dort haltmachen, wo im gewöhnlichen Leben der Anstand seine Schranken zieht. Das bedarf keines Beweises. Es genügt die Überlegung, welche Edelsteine wir aus der Krone der Kunst brechen würden, wenn wir ihr das Nackte und das Geschlechtliche verböten. Von der Bildkunst wollen wir dabei gar nicht reden, in der Dichtkunst brauchen wir nur die Namen Homer, Aristophanes, Catull, Walter von der Vogelweide und Goethe zu nennen. Ja selbst das eigentlich Sinnliche ist der Kunst nicht fremd, sondern für sie ein wichtiges Element. Es hieße sich absichtlich die Augen verschließen, wenn man leugnete, daß viele Werke beider Künste einen großen Teil ihrer Wirkung der Sinnlichkeit verdanken, die aus ihnen spricht und beim Genießenden mitklingen muß. Ich denke z. B. an die Aphrodite Kalipygos, an Tizians Venus von Urbino, an Sapphos und Catulls Liebeslieder, an Goethes römische Elegien. Wer bei diesen Werken den Unterton des Sinnlichen nicht wahrnimmt, kann sie nicht in ihrer ganzen Schönheit in sich aufnehmen. Das gehört zum Wesen der Kunst und mahnt an einen geheimnisvollen Zusammenhang zwischen Liebe und Kunst, der noch der Enthüllung harrt [63]). Eine Gesetzgebung, die solche Werke verböte, würde die Kunst lähmen und verkrüppeln, und wäre des Fluches der Menschheit wert.

Aber das Künstlerische schließt das Schamverletzende und damit das Unzüchtige nicht aus [64]). In Pompeji sind einige, jetzt in der pornographischen Abteilung des Neapler Museums, vereinigte Darstellungen gefunden worden, denen niemand die Eigenschaft von Kunstwerken versagen kann. Dasselbe gilt von einer Silberplatte des Moderno aus dem 16. Jahrhundert, die eine Liebesszene zwischen einem Satyr und einer Nymphe darstellt [65]). So schön diese Werke sind, so wirken sie doch schamverletzend und ihre Verbreitung wäre strafbar. Ähnlich ist es mit mehreren Gesprächen des Pietro Aretino, z. B. zwischen Antonia und Nanna, und zwischen Nanna und Poppa, die wohl als literarische Kunstwerke gelten müssen und dabei doch im höchsten Grade schamverletzend sind. Auch erinnere ich an die angeführten anmutigen Verse aus Ovids Ars amatoria [44]).

Ob solche Werke noch der „wahren“ oder „hohen“ Kunst angehören, das zu beantworten ist nicht Sache des Juristen [66]). Seine Aufgabe ist es, beiden gerecht zu werden, der Schamhaftigkeit wie der Schönheit, der Sitte wie der Kunst. Ein Allerheiligstes, dem auf keinen Fall zu nahe getreten werden darf, ist keine von beiden.

Wenn aber die Kunst in keinem ihrer wesentlichen Gebiete drückend beschränkt wird, zugleich das Schamgefühl, soweit es die Erhaltung von Zucht und Sitte im Geschlechtsleben erfordert, geschützt wird, ohne daß dem Worte des Gesetzes Gewalt geschieht, dann ist eine richtige und brauchbare, eine gerechte und billige Auslegung des Wortes gelungen, und die Anforderung des römischen Rechtsgelehrten erfüllt: suum cuique tribuere. Diese richtige Mitte zu finden, das wollen wir im folgenden versuchen.

Kapitel 6.

Schamgefühl und Sittlichkeitsgefühl.

Wir haben gesehen, daß die bewußte Verletzung des geschlechtlichen Schamgefühls als unsittlich empfunden wird. Mit dem Schamgefühl wird also auch die Sittlichkeit geschützt. Unrichtig ist es aber, beides zusammenzuwerfen und, wie zahlreiche Entscheidungen des Reichsgerichts, als unzüchtig das zu bezeichnen, was das Scham- und Sittlichkeitsgefühl in geschlechtlicher Beziehung verletzt [67]). Damit ist offenbar nicht die Verletzung zweier verschiedener Gefühle gemeint, so daß etwa die Verletzung des Schamgefühls nicht genügte, wenn nicht außerdem das Sittlichkeitsgefühl verletzt würde. Vielmehr ist daran gedacht, daß beides eine Einheit bildet, daß das Sittlichkeitsgefühl durch die Verletzung des Schamgefühls zugleich mit verletzt wird und daß diese Verbindung eine notwendige sei. Das ist aber nicht richtig. Jene Verbindung ist zwar das Regelmäßige, aber sie ist keine grundsätzliche. Unser Sittlichkeitsgefühl — gerade wie das Anstandsgefühl — kann nur verletzt werden, wo wir eine Verantwortlichkeit, ein Verschulden annehmen. Das Schamgefühl, wie wir gesehen haben [68]), ist davon unabhängig und kann auch durch Geisteskranke und Tiere verletzt werden. Eine solche Verletzung und damit ein Verstoß gegen unser Gesetz läge z. B. vor, wenn ein Geisteskranker eine obszöne Zeichnung anschlagen würde, und wenn er auch nicht gestraft werden könnte, so wäre doch die Zeichnung nach §§ 41, 42 StGB. unbrauchbar zu machen [69]). Von einer Verletzung des Sittlichkeitsgefühls könnte man hier aber nicht reden, wenigstens nicht bei denen, die den Sachverhalt kennen, denn gegen die Sittlichkeit hat sich niemand vergangen. Man müßte sich denn auch durch Tiere in seinem Sittlichkeitsgefühl verletzt fühlen, wie das auf niederen Kulturstufen vorkommt.

Umgekehrt kann unser Sittlichkeitsgefühl in geschlechtlicher Beziehung durch Schriften und Darstellungen verletzt werden, ohne daß unser Schamgefühl berührt wird. So durch Schriften, die eine nach unseren Empfindungen verwerfliche Moral lehren, ohne irgendwie anstößige Einzelheiten zu bieten [70]). Hierher könnte man die schon erwähnten Schriften rechnen, die die freie Liebe predigen, hierher die Mandragola des Macchiavelli, die allerdings obendrein die Grenze des Unzüchtigen hart gestreift, hierher wohl auch den George Dandin des sonst so ehrbaren Molière [71]).

Es ist also nicht genau, wenn das Unzüchtige als eine Verletzung des Scham- und Sittlichkeitsgefühls bezeichnet wird. Ja, es ist sogar irreführend, weil es dann so scheinen könnte, als ob solche Werke, die unsittliche Lehren für das Geschlechtsleben enthalten, schon deshalb zu den unzüchtigen gehörten. Ich werde daher die Ausdrucksweise des Reichsgerichts vermeiden, und immer nur von Verletzung des Schamgefühls in geschlechtlicher Beziehung reden.

Das Schamgefühl nun, um dessen Verletzung es sich handelt, ist nicht das einer bestimmten Person, sondern das der Allgemeinheit, la pudeur publique, wie die Franzosen sagen [72]). Das ergibt sich ohne weiteres aus der Bezeichnung „unzüchtig", die auf Nichtübereinstimmung mit dem a l l g e m e i n e n Empfinden, nicht mit dem eines einzelnen hinweist. Das Schamgefühl des einzelnen, das von dem der Allgemeinheit abweicht, hat gegenüber den wichtigen anderweiten Interessen, die wir kennen gelernt haben, keinen Anspruch auf strafrechtlichen Schutz.

Hier drängt sich nun die Frage auf, wessen Schamgefühl denn für das der Allgemeinheit maßgebend sein soll, da doch das Schamgefühl der Menschen, auch der gesitteten, und gebildeten, recht verschieden ist. Die Frauen haben ein anderes als die Männer. Auf den Professor der Kunstgeschichte wirkt die mediceische Venus anders als auf den Dorfpfarrer aus Niederbayern, eine Aktphotographie anders auf die strebsame Münchener Malerin als auf den im Kloster erzogenen Backfisch, die nackten weiblichen Gestalten am Thermenbrunnen in Rom sind dem einen künstlerische Offenbarungen, dem andern schmähliche Obszönitäten. Damit berühren wir eine der schwierigsten Fragen unserer Untersuchung. Wir können sie aber erst beantworten, wenn wir im einzelnen geprüft haben, wie und unter welchen Umständen die Verletzung des Schamgefühls durch Schriften und Darstellungen geschieht [73]). Bis dahin denken wir uns, daß das Schamgefühl der Menschen ungefähr das gleiche sei, etwa das eines uns in unklaren Umrissen vorschwebenden gebildeten Mitteleuropäers, von dem uns nicht einmal klar ist, ob es ein Mann ist oder eine Frau. Solche vorläufigen Unklarheiten schaden nicht; sie sind sogar bei jeder wissenschaftlichen Abhandlung unvermeidlich, bei der Begriffe vorausgesetzt werden, die erst im späteren Verlaufe der Untersuchung erklärt werden können [74]).

Wenn es nun auch vom allgemeinen Schamgefühl abhängt, ob ein Werk unzüchtig ist, so könnte man doch meinen, daß dabei doch das Schamgefühl einer Einzelperson verletzt sein müsse, d. h. daß § 184 dem Schutz des individuellen Schamgefühls diene, soweit es mit dem allgemeinen übereinstimme. Allein die Eigenschaft eines Werkes als eines unzüchtigen ist allgemeiner Natur, sie kann nicht davon abhängen, ob zufällig das Schamgefühl eines einzelnen wirklich verletzt wird. Nennen wir ein Bild darum weniger unzüchtig, weil es an der Stätte des Lasters hängt, wo niemand daran Anstoß nimmt? Und wird es dies etwa erst in dem Augenblick, wo ein anständiger Mensch den Ort betritt und sein Schamgefühl verletzt fühlt? Gewiß nicht. Vielmehr haftet die Eigenschaft des Unzüchtigen einem Werke an ohne Rücksicht darauf, ob es überhaupt jemand bekannt ist. So kann man sagen: Nach der zuverlässigen Nachricht des lateinischen Schriftstellers A. hat der griechische Schriftsteller B. unzüchtige Gedichte verfaßt, die aber verloren sind, und deren Inhalt man nicht kennt. Es kommt noch dazu: wird das Schamgefühl eines einzelnen durch ein Werk verletzt, so bedeutet dies, daß er Ärgernis daran nimmt, und dies Erfordernis fehlt im § 184 im Gegensatz zum § 183. Diese Abweichung spricht auch dafür, daß der Gesetzgeber die tatsächliche Ärgerniserregung für die Strafbarkeit nach § 183 nicht für erforderlich gehalten hat und nicht etwa mit dem Worte „unzüchtig" durch eine Hintertür wieder hat hineinbringen wollen.

Mit Recht hat daher das Reichsgericht [75]) es für ausreichend erachtet, wenn das Werk geeignet ist, das geschlechtliche Schamgefühl zu verletzen. Es kommt also darauf an, ob das Schamgefühl einer Person, deren Empfinden für die Allgemeinheit maßgebend ist, verletzt werden würde, wenn ihr das Werk zugänglich wäre. Hat man sich das klar gemacht, so kann man sehr wohl auch so sagen: unzüchtig ist, was das Schamgefühl der Allgemeinheit, oder kurz: was das Schamgefühl verletzt, wie das Reichsgericht sich öfter ausgedrückt hat.

Kapitel 7.

Anreizung der Sinnlichkeit.

Wir haben im dritten Kapitel gesehen, daß Werke, die das Schamgefühl verletzen, sehr oft auch die Sinnlichkeit der Menschen reizen, und haben hieraus sogar einen Grund mehr hergeleitet, um solche Werke unter Strafe zu stellen. Nach einer verbreiteten Ansicht gehört es sogar zum Wesen des unzüchtigen Werkes, daß es geeignet ist, die Sinnlichkeit zu erregen. Dieser Meinung sind wohl fast alle französischen Schriftsteller bezüglich der französischen Gesetzesworte: „obscènes ou contraires aux bonnes mœurs" [76]). Sie erklären derartige Werke als solche, „qui s'adressent à l'esprit de la licence et de la débauche". Doch auch hervorragende deutsche Strafrechtslehrer sind für den Begriff des Unzüchtigen dieser Ansicht, so z. B. Liszt, Frank und Binding [77]). Dem ist das Reichsgericht energisch entgegengetreten, und das mit Recht. Zutreffend führt es aus [78]), daß es gemeine Schriften und Bilder von so widerwärtiger oder gar ekelhafter Art gibt, daß sie bei keinem Menschen mit normalem Empfinden die Lüsternheit anreizen können. Und doch sind sie schamverletzend und dadurch geeignet zur Abstumpfung des Schamgefühls mit allen ihren verderblichen Folgen, so daß sie nach Sprachgebrauch wie Gesetzgebungsgrund den andern unzüchtigen Werken völlig gleichstehen. Als Beispiel sei genannt Lorenzo Venieros komisches Gedicht „La puttana errante“.

Umgekehrt gibt es, wie schon berührt, viele Werke der Bild- und Dichtkunst, die das Schamgefühl in keiner Weise verletzen, und die doch stark aufreizend auf die Sinne wirken. Es ist gar kein Zweifel, daß Lyrik und Musik von gewisser Art sehr dazu angetan sind, den Geschlechtstrieb besonders der jugendlichen Personen zu erregen, ohne daß dabei auch nur entfernt von Unzüchtigem oder Unsittlichem die Rede sein kann. Was Tolstoi in der Kreutzer-Sonate sagt, davon ist manches wahr. Ein sehnsüchtiges Liebeslied, von einem schönen, ernsten Mädchen auf der Bühne gesungen, wird oft mehr verderbliche Triebe entfachen als zotige Verse, die eine hübsche, halbnackte Dirne in einer Singspielhalle zum besten gibt. Und vielleicht hat Wagners Tannhäuser mehr erotische Sünden zur Folge gehabt als Pietro Aretinos Gespräch der Antonia und der Nanna. Auch von gar manchem durchaus anständigen Buche mögen die Worte Dantes gelten: „Galeotto fu il libro e chi lo scrisse“.

Das zeigt, daß die Erregung der Lüsternheit grundsätzlich nichts mit dem Unzüchtigen zu tun hat. Auch ist es nicht richtiger, wenn man sagt, das unzüchtige Werk müsse nicht nur geeignet, sondern auch darauf gerichtet oder dazu bestimmt sein, anreizend zu wirken. Liegt das Wesen des Unzüchtigen nicht in jener Anreizung, so kann es dafür nicht von Wesentlichkeit sein, wenn dieser fremde Erfolg beabsichtigt ist. Wir nennen ja auch Musik und süße, schmeichelnde Worte nicht unzüchtig, wenn ihr Zweck es ist, ein Mädchen durch Erregung ihrer Sinnlichkeit zu verführen. So werden wir es auch bei Werken der Bild- und der Dichtkunst halten, wenn sie das Schamgefühl nicht verletzen. Ihren Gefahren ist mit der Waffe des Strafgesetzbuchs nicht beizukommen, sondern durch feinere Mittel, wie Erziehung, Begünstigung der guten Literatur, Bekämpfung des genußsüchtigen Ästhetentums, was alles die Gesellschaft viel eher kann als der Staat.

Hiernach macht die Erregung der Lüsternheit kein Tatbestandsmerkmal des § 184 aus, weder alternativ noch auch obendrein neben andern Erfordernissen. Wohl aber kann eine solche Absicht, wenn sie in einem Werk erkennbar zum Ausdruck kommt, sehr wohl in Verbindung mit andern Umständen die Wirkung der Schamverletzung haben, worauf wir noch zurückkommen. Ferner kann es bei der Strafzumessung strafschärfend in Betracht kommen, wenn ein unzüchtiges Werk geeignet ist, stark anreizend auf die Sinnlichkeit zu wirken. In diesem Sinne kann es unter Umständen die Gefahr erhöhen und daher eine härtere Strafe herbeiführen, wenn ein Werk mit aller Feinheit der Kunst ausgestattet ist, mag dadurch auch die Verletzung des Schamgefühls geringer werden.

Kapitel 8.

Subjektiver und objektiver Tatbestand.

Ehe ich auf die Art und Weise, wie die Schamverletzung erfolgen kann, im einzelnen eingehe, muß ich mich kurz mit den Folgen des Verstoßes gegen § 184 befassen, da sich hieraus erst die Bedeutung einiger der späteren Untersuchungen verstehen läßt.

Diese strafrechtlichen Folgen sind nun nicht nur die im § 184 angedrohte Strafe, sondern auch die im § 41 behandelte Unbrauchbarmachung. Hiernach ist, wenn der Inhalt einer Schrift, Abbildung oder Darstellung strafbar ist, im Urteil auszusprechen, daß alle Exemplare, sowie die zu ihrer Herstellung bestimmten Platten und Formen unbrauchbar zu machen sind. Dies gilt jedoch nur von solchen Exemplaren, die sich im Besitze des Verfassers, Druckers, Herausgebers, Verlegers oder Buchhändlers befinden, und auf solche, die öffentlich ausgelegt oder öffentlich angeboten sind [79]). Wenn ein solches Werk unzüchtig im Sinne des § 184 ist, dann ist sein Inhalt strafbar im Sinne des § 41. Man hat dies früher bestritten [80]), weil die bloße Herstellung und Abfassung ja nicht strafbar sei, sondern nur die Verbreitung usw.; aber jetzt ist die richtige Meinung allgemein angenommen [81]).

Die Unbrauchbarmachung ist nicht nur neben einer Bestrafung zulässig, sondern nach § 42 StGB. auch dann, wenn die Verfolgung oder die Verurteilung einer bestimmten Person nicht ausführbar ist. Ein besonders häufiger Fall davon ist nun der, daß vom § 184 zwar der objektive, aber nicht der subjektive Tatbestand gegeben ist. Damit hat es folgende Bewandtnis.

Nach § 59 StGB. sind dem Täter, der bei Begehung einer strafbaren Handlung solche Tatumstände nicht kannte, die zum gesetzlichen Tatbestande gehören, diese Umstände nicht zuzurechnen. Es genügt also zur Bestrafung nicht, daß der Tatbestand, so wie er im Strafgesetzbuch steht, gegeben ist; der Täter muß ihn auch gekannt und damit in seinen Willen aufgenommen haben. Betrachtet man den Tatbestand ohne Rücksicht auf die Kenntnis des Täters, so nennt man dies den objektiven Tatbestand. Diese Kenntnis selbst macht den subjektiven Tatbestand aus. So liegt z. B. der objektive Tatbestand der Unterschlagung vor, wenn jemand eine alte zerbrochene Pistole, die ein Waffensammler verloren hat, findet, behält und verkauft. Zum subjektiven Tatbestand gehört aber, daß er weiß, daß die Pistole eine fremde Sache ist, d. h. daß sie einem andern gehört. Hat er sie etwa im Müllkasten gefunden, wohin sie das Dienstmädchen des Eigentümers aus Versehen geworfen hat, und glaubt er, der Eigentümer habe sein Eigentum wegen Wertlosigkeit aufgegeben, so fehlt ihm die Kenntnis des fremden Eigentums, eines wesentlichen Tatbestandsmerkmals. Es mangelt dann am subjektiven Tatbestand der Unterschlagung, und eine Bestrafung deswegen ist ausgeschlossen.

Beim § 184 gehört nun zum subjektiven Tatbestand u. a., daß der Verbreiter des unzüchtigen Werkes sich dabei bewußt ist, daß es geeignet ist, das Schamgefühl in geschlechtlicher Beziehung zu verletzen. Fehlt ihm dies Bewußtsein, z. B. weil er sich die Sache nicht genau angesehen hat, oder weil sein Schamgefühl abgestumpft ist, oder weil er in einem früheren Verfahren wegen desselben Werkes freigesprochen worden war, so kann er nicht bestraft werden. Nicht erforderlich für die Bestrafung des Täters ist aber, daß gerade seine Absicht auf Verletzung des Schamgefühls gerichtet war; es genügt, daß er sich bewußt war, daß das Werk hierzu geeignet ist [82]). Die Absicht des Täters kann auf ganz andere Dinge gegangen sein, z. B. eine höhere Ethik zu verbreiten oder die Wahrheit in der Kunst zu pflegen oder Aufsehen zu machen oder zu sagen, was er leidet.

Der bloße objektive Tatbestand des § 184 genügt aber, wenn ein unzüchtiges Werk unbrauchbar gemacht werden soll. Denn die

Gefährdung der Sittlichkeit besteht auch dann, wenn die Bestrafung eines Täters aus subjektiven Gründen unmöglich ist. Dem soll dann die Unbrauchbarmachung vorbeugen.

Kapitel 9.

Beziehungen eines Werkes zum Geschlechtlichen.

Wenn wir nun prüfen, wie das geschlechtliche Schamgefühl durch Schriften, Abbildungen oder Darstellungen verletzt werden kann, so erhellt ohne weiteres, daß das, was durch solche Werke gemißoffenbart wird, irgendeine Beziehung zum Geschlechtsleben des Menschen haben muß. Diese Beziehung kann nun näher oder entfernter sein. Dies werden mehrere Reihen von Beispielen erläutern, bei denen diese Beziehung anfangs sehr eng ist und dann immer weiter wird.

Zunächst eine Reihe aus der bildenden Kunst: 1. Wiedergabe des Geschlechtsaktes selbst (Plakette von Moderno); 2. ein priapischer Phallus, sei es allein, sei es als Teil eines Menschen; 3. Darstellung des inaktiven Gliedes; 4. dasselbe als Teil einer nackten Statue; 5. ein nackter Mann, dessen Zeugungsorgan nicht zu sehen ist (Adam von van Eyck); 6. eine bärtige Faunherme.

Oder eine Reihe aus der bildenden Kunst, die denselben Ausgangspunkt, Nr. 1, hat: 2. die Füße zweier Menschen in bezeichnender Stellung, wie sie z. B. auf Menzels Zeichnung der Marquise von Pompadour am Rahmen angebracht sind; 3. ein verhülltes Lager, auf dem man nach den sichtbaren Kleidungsstücken eine Liebesszene vermutet, wie es in der Reichsgerichtsentscheidung Bd. 35, 134 erwähnt wird, auch in einer illustrierten Ausgabe von Béranger vorkommt [83]); 4. Szene im Schlafgemach von Ehegatten, die erkennen läßt, daß beide das Lager geteilt haben — Simsons Gefangennahme von Rubens —; 5. ein junges nacktes Paar, das sich liebend umschlingt — „Zwei Menschen“ von Sinding; 6. Liebesgespräch.

Schließlich noch eine Reihe aus der Dichtkunst: 1. Schilderung der geschlechtlichen Vereinigung (Zola „Rome"); 2. Empfindung der Frau danach (Hebbels „Judith"); 3. Schwangerschaft der Frau (D'Annunzio „L'innocente"); 4. Geburt des Kindes (Zola „La Terre"); 5. Ähnlichkeit des Kindes mit dem Vater.

Der Ausgang aller drei Reihen, die geschlechtliche Vereinigung selbst, verletzt wegen seiner engsten Beziehung zum Geschlechtlichen das Schamgefühl so stark, daß die bildende Kunst, soweit sie nicht geradezu pornographisch ist, ihre Darstellung nur sehr selten und nur mit besonderen Milderungen gewagt hat, trotzdem ästhetische Bedenken nicht entgegenstehen. So ist bei Correggios Jo die Gestalt des Zeus fast ganz unsichtbar in der Wolke — ganz abgesehen von der Kunst des Meisters, mit der er den Vorgang verklärt und in eine höhere Sphäre gehoben hat. Auch die nächstfolgenden Vorwürfe der beiden ersten Reihen vermeidet die bildende Kunst noch. Selbst die antike Kunst hat den Phallus, wo er nicht geradezu pornographisch wirken sollte, wohl nur aus religiösen Anlässen dargestellt [83a]). Auch die an dritter Stelle genannten Beispiele bieten noch sehr erhebliche Bedenken. Je mehr wir dann in den einzelnen Reihen fortschreiten, um so entfernter werden die Beziehungen zum Geschlechtlichen, und um so weniger ist gegen die Darstellung in der Kunst von seiten des Schamgefühls einzuwenden. Zuletzt wird an jene Beziehungen allgemein so wenig gedacht, daß eine Darstellung oder ausführliche Behandlung solcher Gegenstände nicht einmal den geschlechtlichen Anstand, geschweige denn das Schamgefühl verletzt.

Hierbei ist aber folgendes zu beachten. Die Nähe der Beziehungen bestimmt sich weniger nach dem natürlichen Zusammenhange, als nach der Sitte. So besteht natürlicherweise ein näherer Zusammenhang des Geschlechtslebens mit den weiblichen Brüsten in deren ganzem Umfange als mit den Knien. Da jedoch die Sitte die Entblößung des oberen Teils der Brust vor Männern viel häufiger zuläßt als die der Kniee, so erscheint insoweit infolge unserer Gewöhnung die Nähe der Beziehungen gerade umgekehrt. Eine Dame der guten Gesellschaft wird sich leicht entschließen, sich in einem idealen Gewande malen zu lassen, das von der Brust soviel sehen läßt wie ein Ballkleid, aber nicht leicht in einer Kleidung, die die Kniee frei läßt.

Die Frage, ob das Schamgefühl verletzt wird, hängt aber weiter auch davon ab, ob die Beziehung zum Geschlechtlichen mehr oder weniger hervorgehoben wird. Während die Bildkunst z. B. die Darstellung der Vereinigung selbst vermeidet, sind derartige Schilderungen in der Dichtkunst viel häufiger. Der Dichter hat nämlich in weit höherem Maße das Vermögen, zugleich dem Leser deutlich zu sagen, was vorgeht, und doch durch die Kunst seiner Sprache und Erzählung einen Schleier über den Vorgang zu breiten, mit andern Worten: von einem Gegenstand gerade soviel sehen zu lassen, daß er erkennbar ist, aber nicht mehr. Man denke nur an Goethes wunderbare Dichtungen „Die Braut von Korinth" und „Der Gott und die Bajadere". Das kann die Bildkunst nicht in gleicher Weise trotz Rembrandts Helldunkel und allen modernen Fortschritten in der Technik der Malerei und Plastik.

Als Beispiel für die Hervorhebung der Beziehung aus der Bildkunst nehmen wir aus unserer zweiten Reihe den Phallus. Dessen Schamlosigkeit kann gesteigert werden durch sorgfältige Ausarbeitung aller natürlichen Einzelheiten; sie wird erheblich geschwächt, wenn er wie bei vielen Funden aus dem Altertum, geflügelt dargestellt wird. Schamverletzend bleibt er auch da, aber er erhält doch etwas Höheres, Geistigeres, was ihn über das Tierische erhebt und an das Göttliche in der Zeugung erinnert. Man hat nicht das Empfinden, als wenn dadurch etwas Erhabenes, das in den Flügeln verkörpert ist, in den Staub gezogen werden soll, trotz der Fundstelle zahlreicher solcher Stücke, dem Lupanar in Pompeji. Vielmehr trauen wir den Hellenen und ihren italischen Jüngern auch in ihren niedrigsten Regungen noch einen Funken von der Fackel des Prometheus zu. Ferner, um zum vierten Beispiel der ersten Reihe überzugehen, wirkt die bildliche Darstellung einer nackten männlichen Gestalt weniger leicht schamverletzend, wenn die Geschlechtsteile mehr allgemein gehalten, nicht in vielen Einzelheiten ausgeführt, vielleicht einer Stilisierung angenähert sind, besonders bei Gemälden. Ein Beispiel bietet das Bild des Belgiers Montald „Sacra sub arbore". Bei Statuen würde die Wirkung z. B. eher anstößig sein, wenn die betreffenden Teile durch Tönung hervorgehoben werden.

Je näher die Beziehung zum Geschlechtlichen ist, um so mehr Verhüllung ist geboten, wenn das Werk nicht schamverletzend wirken soll. Auf einem Bilde wirkt die Schilderung der Vereinigung schon dann so, wenn man diese selbst gar nicht sieht, sondern wie im Beispiel 2 und 3 der zweiten Reihe, nur gewisse Gegenstände, aus denen sie deutlich zu erkennen ist [84]). Beliebt, besonders in Frankreich, sind solche Bilder, bei denen es einer kleinen Denkarbeit bedarf, um etwas Obszönes, den Geschlechtsakt oder ähnliches, zu erraten. Durch den Text wird dabei oft das Verständnis erleichtert, nicht unmittelbar hergestellt. Trotzdem nichts Unanständiges abgebildet ist und der Text keinen unanständigen Satz enthält, können solche Bilder schamverletzend sein [85]). Derartige Vorgänge dürfen im allgemeinen auf bildlichen Darstellungen nur ganz entfernt angedeutet werden.

Auch die Dichtkunst hat sich in der Regel eingehender Schilderungen der Vereinigung zu enthalten, wenn sie auch aus den angeführten Gründen nicht so zurückhaltend zu sein braucht wie die Bildkunst. Wenn sie ferner, wie Zola in seinem Roman „L'Argent", von dem Zeugungsorgan eines Mannes redet, so wird sie das nur andeutungsweise tun, nicht so ausführlich, wie sie etwa den Arm eines Athleten schildern könnte. Dagegen könnte sie von den sexuellen seelischen Regungen eines Mannes gegenüber einem Weibe schon ausführlicher sprechen und noch ausführlicher von einer Schwangerschaft, auch einer außerehelichen, wie denn von letzterer ein ganzer Roman von Gabriele Reuter handelt.

Kapitel 10.

Zweck, Bestimmung, Tendenz.

Für die Frage der Unzüchtigkeit ist ferner wichtig der Zweck, der einem Werke innewohnt, auch Tendenz oder Bestimmung genannt. Da gibt es nun mancherlei Möglichkeit. Der Zweck kann rein künstlerisch oder wissenschaftlich sein, er kann darin bestehen, für eine Lehre Propaganda zu machen, oder Reklame für eine Ware; er kann darauf gehen, die Menschen zu unterhalten oder auch ihre niederen Triebe zu gewinnen, ihre Sensationslust, ihre Neugier, ihre Freude am Klatsch und Übelreden, am Neuen und Unerhörten, auch ihre Lüsternheit. Ist nun der Zweck für den Charakter des Werkes in der Art entscheidend, daß Werke mit bestimmten Zwecken immer unzüchtig sind, solche mit bestimmten andern es niemals sein können?

Binding [86]) ist dieser Ansicht. Nach ihm entscheidet die Tendenz, die der Schöpfer eines Kunstwerkes ihm durch die Art der Darstellung willentlich oder unwillentlich eingeflößt hat. Ist diese gerichtet auf geschlechtliche Erregung, so soll das Werk unzüchtig sein, sonst nicht. Ähnlich, wenn auch nicht so bestimmt, äußert sich Kohler [87]). Dagegen hat das Reichsgericht in zahlreichen Entscheidungen [88]) mehr oder minder scharf betont, daß die Tendenz des Werkes zwar für unsere Frage auch von Bedeutung, aber nicht allein maßgebend sei. Und das ist das Richtige.

Vorweg ist dazu zu bemerken, daß es sich hier nur um den Zweck handelt, den der Urheber dem Werk gegeben hat, nicht der Verbreiter. Diese ist zwar unter Umständen auch von Bedeutung. Doch ist sie unter einem ganz andern Gesichtspunkt erst später zu behandeln[89]).

Der vom Urheber dem Werke mitgegebene Zweck muß notwendig bewußter Natur sein. Nicht, weil das, was er unbewußt in das Werk gelegt hat, ohne Bedeutung für die Frage der Unzüchtigkeit wäre, sondern weil man dann nicht mehr von einem Zweck, einer Tendenz, einer Bestimmung reden kann, ohne zu ganz falscher Auffassung zu führen. Spricht man, wie Binding [90]), von einer unbewußten oder unwillentlichen Tendenz, so kann man darunter nur die Wirkung auf das Publikum verstehen. Man könnte dann z. B. auch sagen: Gerhart Hauptmanns Weber haben die Tendenz — oder den Zweck oder die Bestimmung —, den Klassenhaß zu erregen, womit man dem Dichter gewiß unrecht tut, obwohl solche Wirkung nicht zu verkennen ist.

Nur soviel ist richtig, daß der Zweck im Werke selbst erkennbar zum Ausdruck gekommen sein muß[91]). Und zwar so, daß man ihn bei genauem Durchlesen oder bei genauer Betrachtung leicht erkennt, nicht etwa erst durch besonders aufmerksames Studieren, kundiges Zusammenstellen und Schließen. Ob der Verfasser ein Buch ohne inneren Anteil, nur weil er Geld brauchte, geschrieben hat, ist gleichgültig, wenn es ihm infolge seiner großen Begabung doch so gut gelungen ist, daß man ihm dies gar nicht oder doch nur bei sorgfältiger Prüfung anmerkt. Ebenso ist es unerheblich, wenn ein Kunstforscher sein Buch über die Frauenschönheit in der Kunst auf ausdrücklichen Wunsch des Verlegers so einrichtet, daß es durch seine Bilder eines großen Absatzes im Kreise der Lebewelt sicher ist, wenn er es nur versteht, das Werk so mit wissenschaftlichem Geist zu durchtränken, daß der unbefangene Leser nichts von jener Spekulation merkt.

Aber auch wenn die Tendenz des Urhebers im Werke selbst zum Ausdruck kommt, ist sie nicht immer entscheidend. Die an sich löbliche Tendenz kann nicht alles entschuldigen[92]). Wenn jemand bezweckt, dem Volke das Verständnis für die Schönheit des Nackten beizubringen und daher Zusammenstellungen solcher Bilder zu billigsten Preisen und in geringer Ausführung herausgibt, so können diese sehr wohl schamverletzend und somit unzüchtig sein. Dasselbe gilt von einem Roman, dessen Tendenz es ist, die Verkommenheit gewisser Kreise der Gesellschaft zu zeigen. Umgekehrt macht die erkennbare obszöne Tendenz eines Werkes dieses noch nicht unbedingt zu einem unzüchtigen. So ist bei uns eine alte italienische Ausgabe der Sonette Pietro Aretinos zu den angeblichen erotischen Bildern von Giulio Romano keine unzüchtige Schrift, weil sie aus Gründen, die unten noch darzulegen sind, nicht schamverletzend ist[93]).

Unzweifelhaft ist aber der Zweck eines Werkes von großer Bedeutung für seine Wirkung auf das Schamgefühl und damit für die Frage der Unzüchtigkeit. Rein wissenschaftliche Tendenz, d. h. die der Forschung und Belehrung, schließt eine Schamverletzung wohl immer aus, wenigstens soweit man fühlt, daß das Gebotene notwendig ist für die besonderen wissenschaftlichen Zwecke, die sich der Verfasser gesetzt hat. In weitem Umfange hat auch die rein künstlerische Tendenz denselben Erfolg [94]). Weniger wirkt in diesem Sinne der Zweck einer ernsten Propaganda für eine Meinung oder Überzeugung und der Zweck, ethisch oder sonst praktisch zu wirken, auch wohl nur, seine Überzeugung zu betätigen[95]). Hierbei hängt u. a. manches davon ab, ob man die Lehre selbst für sittlich hält oder nicht. Noch geringer ist ein Zweck von rein ästhetischer, nicht künstlerischer Natur, z. B. dem Beschauer einen schönen menschlichen Körper vorzuführen. Ganz indifferent sind rein persönliche, egoistische Zwecke, besonders geschäftliche[96]). Geradezu empfindlicher für Verletzungen wird das Schamgefühl durch Zwecke, die auf Erregung der niederen Triebe ausgehen, am meisten natürlich die Benutzung oder Erregung der sexuellen Lüsternheit. Das ist die wahre Bedeutung, den der Zweck des geschlechtlichen Reizes für den Begriff des Unzüchtigen hat: wo solcher Zweck erkennbar ist, wird unser Schamgefühl empfindlicher und wird daher schon durch solche Umstände erregt, die sonst dazu nicht imstande wären.

Wichtig ist dieser Zweck auch insofern, als er häufig erkennen läßt, daß angebliche andere Zwecke eines Werkes nur vorgeschoben sind. Es geschieht nämlich öfters, daß der Urheber sich eines löblichen Zweckes, z. B. der wissenschaftlichen Belehrung oder ästhetischen Erbauung nur als Deckmantel bedient, während es ihm auf etwas ganz anderes, z. B. auf Erregung der Lüsternheit, ankommt. Meist ist es nicht schwer, solchen falschen Schein zu entdecken. Schwieriger wird die Sache, wenn das Werk wirklich einen wissenschaftlichen oder künstlerischen Charakter hat, der Verfasser aber doch teilweise, z. B. bei einzelnen Bildern eines Buches, auf Erregung der Lüsternheit abzielte. Seine Absicht wird dabei sein, einen größeren Leserkreis zu gewinnen. Wie Paulus von sich sagt: den Griechen bin ich ein Grieche und den Juden ein Jude, so kann der Verfasser den Lüsternen eine pikante Lektüre, den Ernsten eine Belehrung oder ästhetische Anregung geben wollen. Letzteres mag sein Hauptzweck sein; ersteres erstrebt er dann nur, um überhaupt den Druck des Buches zu ermöglichen. Doch kann die Absicht des Verfassers auch edler sein. Er kann als Menschenfischer auftreten wollen, z. B. durch lüsterne Bilder die niederen Geister anlocken, um sie dann durch den ernsten Gehalt seines Buches zu bessern und zu bekehren, und dieser Zweck kann auch im Buche zum Ausdruck kommen. Hierbei haben wir nur solche Fälle im Auge, wo der unlautere Zweck den Gesamtcharakter des Werkes beeinflußt und sich nicht etwa nur auf einzelne Stellen oder Bilder beschränkt, die das Wesen des Ganzen unberührt lassen. Von solchen wird unten im Kapitel 14 die Rede sein. In unseren Fällen werden nun die beiden Zwecke des Werkes im Kampfe um die Herrschaft über unser Empfinden liegen. Wie das Ergebnis für die Frage der Schamverletzung sein wird, darüber läßt sich keine allgemein gültige Regel geben. Insbesondere kann man nicht mit dem Reichsgericht[97]) sagen, daß es darauf ankomme, welche Tendenz überwiege — wenn damit gesagt sein soll, daß ein Werk mit überwiegend ernster Tendenz niemals, mit überwiegend unlauterer Tendenz stets unzüchtig sei. Nur soviel ist richtig: je mehr die eine oder die andere Tendenz hervortritt, wird unser Schamgefühl gegenüber den sonst vorhandenen Umständen mehr oder weniger empfindlich. Die beiden Tendenzen heben sich je nach ihrem Vorwiegen ganz oder teilweise in ihrer Wirkung auf. Insofern kann man sagen, daß es wichtig, wenn auch nicht allein entscheidend sei, welcher Zweck überwiege.

Der vom Urheber in das Werk gelegte Zweck kann sich im Laufe der Zeit und im Wechsel der Verhältnisse nicht mehr ändern, so lange das Werk selbst nicht umgearbeitet wird. Wohl aber kann sich die Bedeutung dieses Zweckes für die Frage der Unzüchtigkeit ändern, nämlich sich verringern. Ein veraltetes, rein wissenschaftliches Buch über das Geschlechtsleben, das nur noch zu obszönen Zwecken verkauft wird, erhält damit keinen neuen, ihm innewohnenden Zweck, nur richtet sich seine Beurteilung mehr nach anderen Gesichtspunkten. Anderseits bekommt auch ein französisches pornographisches Buch aus dem 16. Jahrhundert in seiner ursprünglichen Ausgabe dadurch keinen neuen Zweck, daß es wegen seiner schweren Verständlichkeit kaum noch von den Freunden solcher Literatur, sondern nur noch von Philologen und Historikern gelesen wird, wenn ihm auch durch diese beschränkte Zugänglichkeit der Charakter als unzüchtige Schrift genommen werden kann.

Sehr gering bis zum völligen Verschwinden wird bei einem Werk die Bedeutung des Zweckes, wenn er im Laufe der Zeit oder sonst für das nicht besonders sachkundige Publikum unkenntlich geworden ist. Ein Beispiel wäre die Übersetzung eines indischen Buches, das aus religiösen Gründen Vorschriften gibt, die dem europäischen Leser, der nicht Fachmann ist, einfach als schamlose Lehren der Unzucht erscheinen, da er den religiösen Zusammenhang nicht versteht. Zwar kann man von einem solchen Buche nicht sagen wie von einer gleichzeitigen indischen Schrift, die wirklich nur die Unzucht lehren will, es habe eine obszöne Tendenz; aber im Ergebnis wird man doch wohl beide Bücher für die Frage des Unzüchtigen gleich behandeln. Umgekehrt verhielte es sich mit Schriften von ursprünglich obszöner Tendenz, wenn deren Anspielungen auf das Geschlechtliche für alle, außer für wenige Sachkundige unverständlich geworden sind[98]).

Kapitel 11.

Gewöhnung. — Abstumpfung des Schamgefühls.

Wenn auch durchaus nicht alles, was auf dem Gebiet des Geschlechtlichen gegen das Herkömmliche ist, das Schamgefühl verletzt, so ist hier doch das Übliche und das Gewohnte insofern von Bedeutung, als unser Schamgefühl durch das, woran wir gewöhnt sind, nicht verletzt zu werden pflegt. Besteht die Gewöhnung von Jugend auf, so entwickelt sich das Schamgefühl in dieser Hinsicht gar nicht erst. War es aber vor der Gewöhnung schon vorhanden, so wird es anfangs wohl erregt, stumpft sich dann aber ab.

Im neunten Kapitel haben wir nun schon gesehen, wie die Beziehungen gewisser Dinge zum Geschlechtlichen durch die Gewöhnung infolge der Sitte entfernter werden und selbst ganz aufhören. Hierin erschöpft sich aber die Bedeutung der Gewöhnung für das Schamgefühl nicht. Durch sie kann dieses Gefühl auch da abgestumpft werden, wo die Beziehung zum Geschlechtlichen für uns nicht verschwinden kann, weil sie zu offenbar und zu nahe ist, z. B. bei den Geschlechtsteilen einer männlichen nackten Statue. Wenn auch nicht jeder Beschauer bei ihrem Anblick an ihre physiologische Funktion denkt, sowie man nicht immer beim Anblick der Nase einer Statue daran denkt, daß solche zum Atmen und Riechen dient, so liegt diese Beziehung doch so nahe, daß trotz aller Gewöhnung die Erinnerung daran leicht erwacht. Das ist durchaus nichts Unnatürliches oder dem wahren Kunstgenuß Widersprechendes, ebensowenig wie wenn uns die Muskeln des ruhenden Armes einer Statue an die angestrengte Arbeit der Arme erinnern. Erst wenn das Hauptinteresse sich solchen physiologischen Dingen zuwendet, könnte man von mangelndem Kunstverständnis und — im ersten Beispiel — von unreiner Phantasie reden.

Trotzdem aber die Beziehung auf das Geschlechtliche dem Beschauer oder Leser gegenwärtig ist, kann eine Verletzung des Schamgefühls durch die Gewöhnung verhindert werden. Jene Abschwächung der Beziehung ist also nur eins der Mittel, deren sich die Gewöhnung bedient, um das Schamgefühl abzustumpfen. Auf diese Mittel wollen wir aber nicht weiter eingehen und uns nur mit der Bedeutung befassen, die die Abstumpfung des Schamgefühls für die Kunst hat.

Hier, wie auch sonst, kann sich die Gewöhnung auf einen individuellen Gegenstand beziehen, wenn dies auch selten ist. Ein Beispiel wäre der berühmte Tugendbrunnen in Nürnberg, wenn man annimmt, daß ein gleiches Denkmal in anderen Städten neu errichtet schamverletzend wirken würde, was indessen zweifelhaft ist.

Viel häufiger erstreckt sich die Abstumpfung auf ein ganzes Gebiet von Erscheinungen und beschränkt sich zugleich auf dieses Gebiet. Dafür gibt es viele Beispiele aus dem Leben. So nehmen Italienerinnen keinen Anstoß daran, mit Männern zusammen zu baden, die nur mit Badehosen bekleidet sind; und viele deutsche Frauen, deren Schamgefühl dadurch anfangs verletzt wird, gewöhnen sich im Süden auch bald daran, würden es aber daheim nicht tun. So läßt Bulwer in seinen „Letzten Tagen von Pompeji" Fulvia im Amphitheater sagen: „Wer ist der schöne Gladiator da, fast nackt? Ist es nicht eigentlich unanständig?" D. h. ihr Schamgefühl wird nicht verletzt, weil sie an derartiges einigermaßen gewöhnt ist, aber ihre Vernunft nimmt Anstoß daran, daß hier etwas zugelassen wird, was sonst als schamverletzend gilt.

Ähnlich ist es mit den nackten Statuen. Wo die Verunstaltung durch Feigenblätter üblich ist, wie in München, da fühlt sich das Durchschnittspublikum, besonders die Frauen, durch den Anblick der unverhüllten Geschlechtsteile der Statuen verletzt; wo es nicht üblich ist, wie in Berlin, findet kaum jemand, der öfter in ein Museum kommt, daran etwas Anstößiges, auch nicht die jungen Mädchen aus guter Familie. Es ist nicht etwa ein besonderes künstlerisches oder ästhetisches Empfinden, eine gehobene Stimmung, die das Schamgefühl zum Schweigen bringt, sondern die Abstumpfung erstreckt sich auf alle Werke, die wir als Kunstwerke empfinden, mögen sie uns auch sonst völlig kalt lassen, wenn nur das Geschlechtliche nicht mehr betont ist, als wir gewöhnt sind.

Stellen wir uns einen Museumsaufseher vor, der ohne jedes künstlerische Interesse oder Verständnis tagtäglich die völlig nackten Statuen einer Skulpturensammlung sieht. Er ist ein frommer, sittsamer Mann. Im Anfang kommen ihm viele von den Puppen recht schamlos vor; er möchte so etwas nicht in seiner Wohnung haben. Aber er gewöhnt sich daran. Bald ist es ihm ganz selbstverständlich, daß Museumsfiguren, wenn es Männer sind, ihre Zeugungsorgane, und wenn Weiber, ihre Brüste unverhüllt zeigen. Eigentlich ist es ja unanständig, aber es muß wohl so richtig sein, denn niemand hält sich darüber auf. So verliert sich sein Schamgefühl. Und wenn er gelegentlich merkt, daß jemand an den Figuren Anstoß nimmt, so hält er ihn für recht ungebildet oder für einen richtigen Provinzialen. So geht es auch uns vor solchen Darstellungen des Nackten, die zwar künstlerisch sind, uns aber nichts sagen. Solche Werke sind also nicht unzüchtig.

Gleicherweise haben uns die Dichter gewöhnt, uns manches zu sagen, was im gewöhnlichen Leben nicht nur den Anstand, sondern auch das Schamgefühl verletzen würde. Das Maß der Enthüllung des Geschlechtlichen, das wir so in Schriftwerken gewöhnt sind, bedarf keiner besonderen ästhetischen Rechtfertigung: es genügt insoweit, wenn das Werk als Dichtung empfunden wird.

Das geht aber eben nur genau so weit wie das Gewohnte. Wo das fehlt, kann durch Werke, die sonst gleich nahe Beziehung zum Geschlechtlichen haben, sofort unser Schamgefühl verletzt werden. Das zeigt ein Beispiel aus der bildenden Kunst. Unsern Malern und Bildhauern ist es im allgemeinen versagt, bei nackten weiblichen Gestalten das Schamhaar mit abzubilden. Dies beruht auf einer alten griechischen Kunstüberlieferung, die wohl wieder auf einen Gebrauch der griechischen Frauen zurückgeht[99]). Es fehlt aber nicht an Versuchen, mit dieser Überlieferung zu brechen, wahrscheinlich angeregt durch die Photographie, zuerst in der zeichnenden, dann in der malenden Kunst, jetzt auch in der Plastik. Dadurch wird aber leicht das Schamgefühl verletzt, da das Ungewohnte darin eine Hervorhebung des Geschlechtlichen finden läßt. Soll solche Verletzung vermieden werden, so müssen besondere künstlerische Werte diese Wirkung aufheben. Das kann sich ändern. Wird diese Art der Darstellung üblich — und sie ist im Begriffe es zu werden —, so werden künftige Beschauer daran ebensowenig Anstoß nehmen, wie wir heute an der Darstellung des Schamhaars bei nackten männlichen Gestalten, woran wir seit der Renaissance wieder gewöhnt sind. Schon heute läßt die Jury der Kunstausstellungen in dieser Hinsicht vieles durchgehen, was sie noch vor wenigen Jahren beanstandet hätte.

Das Gewohnte kann sich übrigens auf eine gewisse Behandlung der Werke beschränken. So kann man an das Verkaufen, nicht an das öffentliche Auslegen, oder an das Ausstellen in Museen, nicht in Schaufenstern gewöhnt sein, worauf wir noch zurückkommen werden.

Kapitel 12.

Stimmung und Interesse.

Ein Werk oder seine Umgebung können gewisse Empfindungen erwecken, die das Gefühl der Schamverletzung, das sich ohne sie sicher einstellen würde, nicht aufkommen lassen. Hierher gehört eine gewisse weihevolle Stimmung, wie sie uns leicht in Museen und alten Palästen überkommt, und die ein gutes Teil ihrer Wirkung ausmacht. Dort fühlen wir den Geist vergangener Zeiten uns nahe, oder wir ahnen die Unsterblichkeit des Schönen und Großen; daher ist unsere Stimmung ganz anders als etwa in der Kunstausstellung oder beim Kunsthändler. Und was uns dort passend erscheint, verletzt uns hier.

Auch unabhängig von seiner Umgebung kann ein Werk solche weihevolle Stimmung ausstrahlen, wenn es als klassisch bekannt ist. Da sind Catull und Martial in ihren obszönen Gedichten nicht einfach hochbegabte Pornographen; wir sehen sie nicht mit den Augen ihrer Zeitgenossen, deren besserem Teil sie als Verfasser solcher Verschen gewiß so ähnlich erschienen sind. Für uns sind sie auch in ihren schmutzigen Gedichten nicht nur die begabten Dichter, sondern Zeugen einer großen, längst vergangenen Zeit, bedeutende Vertreter eines untergegangenen, mächtigen Kulturvolkes, der eine vom Ende einer verdorbenen Republik, der andere vom Machtzenit des noch verdorbeneren Kaiserreiches. Diese Empfindung des Großen,

Erhabenen, Entfernten, die mit dem Klassischen verbunden ist, gleicht manches aus, was uns sonst verletzt. Ähnliche Empfindungen, wenn auch in geringerem Grade, erwecken in uns die Novellen des Boccaccio, Machiavellis Mandragola, Voltaires satirische Erzählungen, Goethes Tagebuch, wohl selbst die Schriften Pietro Aretinos. Uns allen geht es dabei ähnlich wie jenem alterfahrenen Berliner Polizisten, der auf den Vorschlag eines jüngeren Kollegen, das Bild einer nackten Frau in einem Schaufenster zu beanstanden, erwiderte: „Da dürfen wir nich ran. Det kenn ick schon. Det is klassisch." Nur daß bei dem Polizisten allein die Vernunft tätig war, nicht das Gefühl.

Natürlich ist die Weihestimmung des Klassischen nur eins der Dinge, die unser Empfinden beeinflussen. Klassizität macht nicht alles erlaubt. Sie gibt keinen Freibrief dafür, obszöne Werke, wie die Gespräche des Pietro Aretino, in derselben Weise im Publikum zu verbreiten wie etwa die Romane von Dickens oder die Zeichnungen von Ludwig Richter [100]). Es ist nicht richtig, daß das Gericht bei Werken, die als klassisch gelten, sich damit begnügen kann, festzustellen, daß die Geschichte sie als nicht unzüchtig erwiesen habe [101]). Es würde seine Pflicht verletzen, wenn es nicht selbständig unter Berücksichtigung aller Umstände, darunter auch der Klassizität, prüfte, ob das Werk als unzüchtig anzusehen sei und wenn es etwa wie jener Polizist alles Klassische einfach als Tabu betrachtete. Einen Richter darf selbst die Furcht vor der Lächerlichkeit in seinem Urteil ebensowenig beeinflussen wie etwa das Verlangen nach Beförderung.

Andererseits darf nicht jeder Richter nur nach seinen Empfindungen gehen, und die Klassizität, die ihm bisher nicht bekannt war, und die auf ihn keinen Eindruck macht, einfach unberücksichtigt lassen. Vielmehr wird der Vorsitzende des Schöffengerichts, das ja nach dem vorliegenden Gesetzesentwurf zuständig sein wird, seinen puritanischen westfälischen Schöffen aus dem Handwerkerstand darauf hinweisen, daß das Bild von Correggio, dessen Photographie beanstandet ist, im Berliner Königlichen Museum hängt, daß es seit Jahrhunderten berühmt ist und von allen Kunstverständigen hoch geschätzt wird, daß es in allen Büchern über die Geschichte der Malerei gefeiert wird usw., kurz auf alles, woran man ihm das Wesen des Klassischen und seinen Einfluß auf empfängliche Menschen klarmachen kann. So hat der Richter, wie jener Polizist, das Klassische allerdings auch da zu berücksichtigen, wo es für ihn selbst bedeutungslos ist. Ich werde auf solche Berücksichtigung der Empfindungen anderer noch ausführlicher zu sprechen kommen[102]).

Wichtiger noch als die Stimmungen sind für die Beeinflussung des Schamgefühls die Interessen. Ich habe das schon berührt, als ich davon sprach, wie verschieden die schamlosen Handlungen eines Geisteskranken auf den Unbeteiligten, auf den besorgten Angehörigen, auf den Irrenarzt wirken. Wie in der Wirklichkeitswelt, so ist es auch auf dem Gebiete der menschlichen Schöpfungen. Gelingt es dem Schaffenden, beim Publikum anderweite Interessen zu erregen, so darf er Dinge wagen, die ihm sonst mit Rücksicht auf das Schamgefühl versagt wären. Das gilt zunächst bei der Wissenschaft. Meist wird das wissenschaftliche Interesse zusammenfallen mit dem Gefühl der wissenschaftlichen Tendenz eines Werkes. Wo aber dieses nicht stark genug ist, um das Gefühl der Schamverletzung auszuschließen, da kann das wissenschaftliche Interesse an einem Werke diese Wirkung haben. Ja das letztere kann sogar dort wirken, wo eine wissenschaftliche Tendenz ganz fehlt, z. B. wenn man literarische und bildliche Werke, die an sich wertlos oder gar obszön sind, aus kultur- oder literaturgeschichtlichem Interesse studiert. Doch das sind Ausnahmen. Von größerer Bedeutung ist es, daß wissenschaftliche Werke, auch die populären, so vor Beeinträchtigung durch den § 184 geschützt werden, wie wir es oben[103]) gefordert haben. Das geschieht also nicht, weil die Wissenschaft das Vorrecht hat, das Schamgefühl zu verletzen, sondern weil es ihr schönes Vorrecht ist, es nicht zu verletzen. Wäre dies einmal dennoch der Fall, so wäre sie unserem Gesetze preisgegeben. Wir werden sehen, daß das nur da vorkommen kann, wo wissenschaftliche Werke unter ungehörigen und die Wissenschaft nicht fördernden Umständen verbreitet werden.

Wie das wissenschaftliche, so wirkt jedes andere lebhafte Interesse lähmend auf das Schamgefühl. Der Polizeibeamte, der in dem unflätigen Schreiben eines Beschuldigten ein Anzeichen für dessen Teilnahme an einem Morde erblickt, wird für nichts Gefühl haben als dafür, daß seine Mühe Aussicht auf Erfolg hat. Das Interesse an den seltsamen Formen und der fremdartigen Symbolik der tibetanischen Jab-yum-Stellung läßt unser Schamgefühl unberührt, als vergäße es, daß es sich um zwei Wesen bei der Begattung handelt.

Selbst offenbar obszöne Darstellungen auf antiken Reliefs und Vasen wirken in besonderer Weise als interessante Kulturdokumente vergangener Zeiten und als Rätsel, deren Sinn es zu lösen gilt. Sonst würden sie nicht in öffentlichen Museen, wie es z. B. in Berlin und in Trier geschieht oder geschah, wenn auch an etwas verborgenen Stellen, aufgestellt sein. Es handelt sich dabei um Deutlichkeiten ohne erheblichen Kunstwert, die wohl durch die oben erwähnte Museumsstimmung allein nicht genügend geschützt wurden.

Bei Schriftwerken tut viel die fremde Sprache, in der sie verfaßt sind. Unser Interesse ist dabei stets geteilt zwischen Ausdruck und Inhalt. Der letztere verliert dadurch an schamverletzender Wirkung. Dabei sind allerdings noch andere Umstände in gleicher Richtung tätig, worauf wir unten [104]) zurückkommen.

Das Interesse, das unser Schamgefühl mehr oder weniger lähmt, braucht kein löbliches zu sein. Oft genügt die Neugier, der Haß, die Freude an einem guten Witz. Niemals aber wirkt in dieser Weise die sittliche Empörung. Im Gegenteil, sie verstärkt eher die Empfindlichkeit des Schamgefühls. Als Beispiel könnte dienen die Erzählung des Straparola [105]), wo Filenio sich dafür in schamlosester Weise rächt, daß drei Damen auf seine unsittlichen Anträge nicht eingegangen sind, sondern ihn nach Art der lustigen Weiber von Windsor zum besten gehabt haben. Ist die Schilderung, wie Filenio die Damen behandelt, schon an sich schamverletzend, so wird sie es um so mehr, als sie dadurch für ihr löbliches Tun bestraft werden, als sei es im Sinne des Erzählers verwerflich. Wie anders wirkt die im Motiv ähnliche Novelle des Boccaccio von der Dame auf dem Turm [107]), nicht nur durch den Humor des Erzählens, sondern auch dadurch, daß darin nicht Recht und Unrecht auf den Kopf gestellt werden.

Die letzten Beispiele führen uns schon in das Bereich der Kunst und des Ästhetischen, womit wir es eigentlich allein zu tun haben. Wenn wir die ästhetische Anregung empfinden, die uns ein bedeutendes Kunstwerk gewährt, dann haben wir nicht das Gefühl, daß das entschleiert wird, was verborgen bleiben sollte; im Gegenteil, wir fühlen uns näher den Geheimnissen des Göttlichen, nach denen wir uns sehnen. Nicht eine Mißoffenbarung, sondern eine Offenbarung fühlen wir uns gegeben. Da ist Ungewohntes gestattet, bei dem unser Schamgefühl sonst erregt würde, da freuen wir uns über Kühnheiten, die durch das schwächere Gefühl der künstlerischen Tendenz allein nicht geschützt würden.

Jene Offenbarung fühlen wir nicht nur im Erhabenen und Großen, auch im Anmutigen, Zierlichen, Geistreichen, und nicht nur in der Bildkunst, auch in der Dichtkunst. Wir fühlen sie in der Nacht des Michel Angelo wie in der nackten Flötenspielerin am Throne der Schaumgeborenen in Rom, in Hebbels „Judith" wie im homerischen Lied von der Liebe des Ares und der Aphrodite. Mit Recht spricht ein französischer Jurist von gewissen Schriftstellern, „pour qui le bon goût est toujours la limite de la licence"[106]). Selbst sinnliche Unterströmungen im ästhetischen Empfinden des Genießenden ändern hieran nichts. Machen sie doch, wie erwähnt[107]), ein wesentliches Moment der Wirkung vieler großer Kunstwerke aus. Nur darf man sich solcher Einwirkung nicht bewußt werden, denn mit dem Bewußtwerden der einzelnen Wirkungen verliert das Kunstwerk viel von seiner ästhetischen Macht und andere Empfindungen werden frei[108]). Zum Bewußtwerden seines sinnlichen Einflusses — wenigstens nicht ohne besonders darauf gerichtete Absicht und Mühe — darf es also das Kunstwerk nicht kommen lassen, wenn es das Schamgefühl bannen will.

Also: die Kunst darf alles, soweit es ihr gelingt, das ästhetische Empfinden des Menschen überwältigend zu ergreifen. Wo diese Grenze ist, läßt sich natürlich nicht allgemein bestimmen. Aber auch hier wachsen die Bäume nicht in den Himmel. Es gibt Vorwürfe der Bildkunst, die an sich in dem Maße eine Mißoffenbarung bedeuten, daß es wohl noch keinem Künstler gelungen ist, sie ohne Verletzung des Schamgefühls in voller Klarheit auszuführen. Als Beispiel wäre zu nennen die Vereinigung von Mann und Weib und die ästhetisch vollendeten Darstellungen dieses Gegenstandes, von denen oben[109]) die Rede war. Selbst wenn manches daran verhüllt ist, bedarf es der ganzen, großen Kunst eines Correggio, um alle anderen Regungen neben dem künstlerischen Genuß hintanzuhalten. Je größer die Neuerung, die Kühnheit, die Deutlichkeit, die Nähe der Beziehung zum Geschlechtlichen, um so stärker muß die ästhetische Gewalt des Werkes sein, um das Schamgefühl zum Schweigen zu bringen.

In der Mitte zwischen dem wissenschaftlichen und dem ästhetischen Interesse liegt das kunstgeschichtliche und kunstwissenschaftliche. Dabei kommen zwei verschiedene Interessen zusammen. Es ist leicht möglich, daß bei einer Zusammenstellung von Bildern das vorhandene ästhetische Interesse und die erkennbare künstlerische Tendenz nicht genügt, um die Verletzung des Schamgefühls zu hindern, wohl aber das wissenschaftliche Interesse und die wissenschaftliche Tendenz. Gelegentlich kann auch wohl das umgekehrte eintreten. Beispiele wären systematische Sammlungen von Abbildungen nach Kunstwerken, geordnet nach kunstgeschichtlichen Gesichtspunkten oder nach Aufbewahrungsstätten usw. Über die Aufnahme von Abbildungen in wissenschaftlichen Schriften werde ich später sprechen [110]).

Ähnliches gilt von literatur- und kulturgeschichtlichen Büchern sowie Quellensammlungen, nur daß hier die ästhetische Bedeutung der Anführungen meist gegen ihre wissenschaftliche zurücktritt. Auch gehören hierher die Gesamtausgaben von Schriftstellern, wenn darunter an sich schamverletzende Stücke aufgenommen werden. Verschwinden solche unter der Menge der Werke, so wird das Interesse überwiegen, das man daran hat, einen bedeutenden Menschen in der Vollständigkeit seines literarischen Schaffens vor sich zu haben.

Viel bedenklicher ist die Veranstaltung von Übersetzungen obszöner Schriften der Vergangenheit, die wegen ihrer Sittenschilderungen und wegen der geistigen Bedeutung ihres Verfassers auch kulturgeschichtliches Interesse haben. Sind sie geeignet, auch von solchen genossen zu werden, denen solches Interesse fernliegt oder tritt dieses überhaupt zurück, so wird es einer besonderen Auswahl ihres Publikums bedürfen, um sie nicht unzüchtig erscheinen zu lassen, worauf wir noch ausführlicher zurückkommen. Werden sie in fremder oder altertümlicher Sprache veröffentlicht, so liegt die Sache aus verschiedenen Gründen günstiger [111]).

Eine ähnliche Mittelstellung haben die Werke der nichtwissenschaftlichen Literatur, die zwar der Unterhaltung oder ästhetischen Zwecken dienen, zugleich aber als Selbstbiographien, Denkwürdigkeiten u. dgl. durch die Schilderung von Sitten und Kultur, den Wissenstrieb befriedigen wollen. Auch hier kann das Wissensinteresse eine Ausgleichung herbeiführen, die das ästhetische allein nicht zu bewirken vermöchte. Doch kommt es gerade hier besonders oft vor, daß einer, der auf die Lüsternheit spekuliert, sein Schiff unter falscher Flagge segeln läßt und die Absicht, eine Sittenschilderung zu geben, nur vorschützt, um seinen unlauteren Zweck zu verschleiern [112]). Der Richter wird also gegenüber einem derartigen Vorgeben, wenn in solchem Buche das Geschlechtliche eine große Rolle spielt, besonders vorsichtig sein müssen und sich fragen, ob die Schrift nicht etwa nur ausnahmsweise in anderen als lüsternen Gedanken gelesen werden wird.

Kapitel 13.

Die Teile und das Ganze.

Oft finden sich in einem Schriftwerk einzelne anstößige Stellen, während das übrige ganz unbedenklich ist. Ob nun solche Stellen als unzüchtig zu erachten sind, ergibt vielfach erst der Zusammenhang. Das Ganze kann die Teile günstig beeinflussen; den Stellen, die, für sich genommen, das Schamgefühl verletzen würden, fehlt dann im Zusammenhange solche Wirkung. So z. B. die obszönen Bekenntnisse eines Verbrechers oder Geisteskranken in einem psychologischen oder psychiatrischen Buche, ein obszöner Witz in einem ernsten Stück, der der Charakterisierung einer Person dient, wie gelegentlich bei Shakespeare usw. [113]).

Wichtiger aber ist die Frage, welche Bedeutung s o l ch e Stellen für das Ganze haben, die wirklich trotz allen Zusammenhanges schamverletzend sind. Eine derartige Frage pflegt sonst im Strafrecht nicht aufzutauchen, wenn der Inhalt einer Schrift den Tatbestand einer strafbaren Handlung bildet. Denn da kommt es sonst niemals auf den Charakter der Schrift als Ganzes an; sondern es wird nur geprüft, ob das Werk irgendwie, an irgendeiner Stelle gegen das Strafgesetz verstößt. So genügt es z. B. — abgesehen von besonderen Ausnahmen — für das Vergehen des Nachdrucks, wenn nur an einer Stelle einer Schrift ein geschütztes Werk in unfreier Weise wiedergegeben wird, mag auch im übrigen die Schrift selbständiger Natur sein.

So ist es auch, wenn es sich darum handelt, ein Werk wegen Strafbarkeit einzelner Teile nach § 41 III StGB. unbrauchbar zu machen. Dieses Gesetz schreibt nämlich vor, daß, wenn nur ein Teil der Schrift, Abbildung oder Darstellung strafbar ist, nur die strafbaren Stellen und die entsprechenden Teile der Platten u. dgl. unbrauchbar zu machen sind, sofern eine Ausscheidung möglich ist. Bei dieser Frage der Ausscheidbarkeit kommt es nur auf die technische Möglichkeit an, nicht auf den inneren Zusammenhang, nicht auf die Bedeutung der einzelnen Stellen für das Ganze. Nicht ausscheidbar sind z. B. die Teile eines Pamphlets gegen den Reichskanzler, wenn sich bei einem Umfange von 20 Druckseiten auf 15 verschiedenen Seiten beleidigende Äußerungen finden. Wenn aber in einem dicken Buch über Schutzzölle eine einzelne schwere Beleidigung gegen den Reichskanzler steht, so läßt sie sich ausscheiden, wenn sie auch im engsten Zusammenhange mit dem übrigen steht, ja vielleicht die Schlußfolgerung aus dem ganzen Buche enthält. Man wird die Stelle überdrucken oder das betreffende Blatt herausnehmen und es dem Verfasser oder Verleger überlassen, mittels Einfügung eines Blattes einen neuen Zusammenhang herzustellen. Eine Ausscheidung ist also immer dann möglich, wenn sie ohne eine Mühe, die zum Wert des Übrigbleibenden außer Verhältnis stände, in der Weise geschehen kann, daß der Rest keinen strafbaren Inhalt mehr hat. Das kann auch bei Werken zutreffen, deren einzelne unzüchtige Teile inhaltlich so bedeutsam für das Ganze sind, daß sie diesem den Charakter des Unzüchtigen aufprägen. Man kann hiergegen nicht einwenden, daß dann ja nicht, wie § 41 III StGB. voraussetzt, nur ein Teil des Werkes, sondern daß das ganze Werk strafbar sei. Denn diese Gesetzesstelle bedeutet, wie ihr Zusammenhang ergibt, doch nur, daß die Strafbarkeit an einzelnen unterscheidbaren Teilen des Werkes zum Ausdruck kommt, oder, wie das Reichsgericht sich ausdrückt, daß einzelne Teile den strafbaren Inhalt tragen [114]).

Dagegen ist bei der Frage, ob eine unzüchtige Stelle eine ganze Schrift zur unzüchtigen macht, der innere Zusammenhang entscheidend. Zur Bejahung ist erfordert, daß die Schrift als Ganzes das Schamgefühl verletzt [115]). Dies ist natürlich dann der Fall, wenn die ganze Schrift nur auf Erregung der Lüsternheit berechnet ist und die nicht anstößigen Stellen ersichtlich nur zur Verbindung der schamverletzenden dienen [116]). Aber die Erregung der Lüsternheit ist ja für den Begriff des Unzüchtigen nicht erforderlich, und so kann auch ohne jenes Merkmal das Einzelne dem Ganzen diesen Charakter verleihen. Das wird dann zutreffen, wenn die unzüchtigen Stellen derart wesentlich für das Ganze sind, daß dieses ohne sie einen ganz anderen Charakter annehmen würde. Gesetzt z. B., in Schnitzlers „Reigen" wären die zahlreichen Stellen, wo von den illegitim-erotischen Beziehungen der verschiedenen Pärchen gesprochen wird, unzüchtig, wobei die Frage unentschieden bleiben mag, ob es der Kunst dieses hervorragenden Talentes gelungen ist, das Anstößige des Stoffes dem Gebiet des Unzüchtigen zu entrücken. Dann wäre zweifellos das ganze Werk unzüchtig; denn mit jenen Stellen würde dem Ganzen jeder Sinn und Zusammenhang genommen. Striche man dagegen in Heinses „Ardinghello" die anstößigen Stellen — vor allem den Tanz am Monte Testaccio und die Liebesszene zwischen Ardinghello und Lucinde —, so wäre das Werk wohl um einige wirkungsvollen und für seinen Verfasser charakteristischen Stellen ärmer, vielleicht auch würde die Bedeutung des Ganzen als eine Verherrlichung heiteren Sinnenlebens abgeschwächt. Aber es bliebe doch im Ganzen, was es ist, auch wenn wir nichts von dem Tanze nackter Mädchen erführen und über die Reize der Lucinde weniger genau unterrichtet würden. Heinses Ardinghello ist also keinesfalls ein unzüchtiges Werk, mag man über die genannten Stellen urteilen wie man will.

Auch von Casanovas Memoiren — ich meine die vollständige Ausgabe — wird man dasselbe sagen können [117]). Die recht ausführlichen Erzählungen der erotischen Erlebnisse des vielgewandten Mannes wird man, ohne ihm zunahe zu treten, als unzüchtige Stellen bezeichnen können. Sie sind auch für ihn recht charakteristisch; ihr Fehlen würde von dem Verfasser, der sein Ich der Nachwelt vorführt, ein unzutreffendes Bild geben. Aber sie sind doch nicht wesentlich für das ganze Werk. Dieses behielte seinen Sinn als Selbstbiographie, auch wenn die Liebesabenteuer nicht durchweg ausführlich geschildert, sondern in ihrer Sexualität nur angedeutet wären. Es hat ja nicht etwa den Zweck, das Geschlechtsleben des Verfassers zu schildern — ganz anders als Schnitzlers „Reigen", dessen Inhalt gerade die Verkettung des Erotismus der Wiener Bevölkerung bildet.

Man darf auch nicht annehmen, daß, wenn ein Teil einer Schrift unzüchtig ist, eben dieser Teil als unzüchtige Schrift im Sinne des § 184 zu gelten habe [118]). Denn der Teil kann eine einzelne Stelle, ein Satz, selbst ein Nebensatz sein, der für sich allein unverständlich ist. Und der Begriff der Schrift setzt doch eine gewisse Selbständigkeit und Abgeschlossenheit voraus. Und dadurch, daß eine Stelle unzüchtig ist, kann sie nicht zu einer „Schrift" werden, wenn sie es sonst nicht wäre. Es fragt sich nur, wieweit die Selbständigkeit gehen muß, damit das Stück aufhört ein Teil zu sein.

Für gewöhnlich ist es allerdings nicht schwer zu unterscheiden, was ein Teil einer Schrift im Gegensatz zu einer ganzen Schrift ist. Doch kann es unter Umständen auch anders sein. Es sind nämlich alle Übergänge denkbar vom einfachen Nebensatz mit unzüchtigem Inhalt bis zum vollständigen unzüchtigen Werk, das nur äußerlich mit anderen in einem Buch vereinigt ist. Etwas Gemeinsames werden Schriftwerke, die ein Buch bilden, wohl immer haben. Aber das Gemeinsame kann sehr allgemeiner Natur sein: z. B. derselbe Verfasser, ja selbst nur die Nationalität oder das Zeitalter der Verfasser, die Gegend oder die Gesellschaftsklasse, in der die Erzählungen spielen u. dgl. Hierdurch verlieren die einzelnen Werke natürlich nicht den Charakter selbständiger Schriften; und wenn eins darunter unzüchtig ist, so ist es strafbar, auch wenn alle anderen Schriften in dem Buche unbedenklich sind [119]); es unterliegt dann der Einziehung, aber auch nur es allein. Ein Beispiel ist eine Sammlung von Prosastücken der italienischen Renaissance, worunter sich die Gespräche der Nanna und der Antonia von Pietro Aretino befinden. Ein ferneres Beispiel wäre die Veranstaltung einer Gesamtausgabe eines Schriftstellers. Zwar kann hier das Bestreben des Herausgebers darauf gegangen sein, alle schriftlichen Äußerungen des Verfassers, die irgendwie zu seiner Charakteristik beitragen, zusammenzutragen, und die wissenschaftliche Tendenz und das wissenschaftliche Interesse können dann, wie schon erwähnt, die an sich schamverletzende Wirkung einer Schrift ausgleichen. Man denke z. B. an Goethes Tagebuch in einer Gesamtausgabe. Aber zu unselbständigen Teilen einer Schrift werden solche Werke hierdurch keineswegs. Ebenso ist es mit solchen Zusammenstellungen von Schriften, bei denen ein gemeinsamer Zweck oder Grundgedanke obwaltet, wie Lehrbücher, Quellenmitteilungen usw. Dagegen würden fremde Schriften, die in einem Werk nur als Belag oder zur Erklärung von Behauptungen wiedergegeben werden, als Teile der betreffenden Ausführungen und somit als unselbständige Teile des ganzen Werkes anzusehen sein; so z. B. wenn ich eine der Erzählungen des Boccaccio, die ich für unzüchtig erkläre, hier abdruckte.

Die Gleichheit der Stimmung und die Ähnlichkeit des Inhalts machen die verschiedenen Stücke eines Buches noch nicht zu einer einheitlichen Schrift. Ich wähle dazu Beispiele, bei denen zum Teil eine Unzüchtigkeit des Inhalts gar nicht in Frage kommt, weil dies für unsere gegenwärtige Frage ebenso deutlich ist und allgemein bekannte Beispiele mit anstößigem Inhalt nicht ausreichend zur Verfügung stehen. So sind die einzelnen Erzählungen aus Auerbachs Dorfgeschichten selbständige Schriften, ebenso die drei kleinen Dramen aus Sudermanns „Morituri", die einzelnen Briefe in Marcel Prévosts „Lettres de femmes", selbst so kleine Stücke wie Martials Epigramme oder Goethes Xenien. Überhaupt sind einzelne Sprüche und Gedichte, trotz Zusammenstellung nach ihrem Inhalt, als selbständige Schriften anzusehen, wenn nicht ausnahmsweise mehrere näher zusammengehören und ein Ganzes bilden wie Chamissos „Frauenliebe und -leben" oder Nietzsches Predigtsammlung, genannt „Also sprach Zarathustra". So wäre es auch keine im ganzen unzüchtige Schrift, wenn jemand Vagabundenlieder sammelt und herausgibt, auch wenn sich darunter viele unzüchtige befinden. Anders wäre zu entscheiden, wenn gerade das Unzüchtige die Einheit herstellt, z. B. wenn jemand alle nach seiner Meinung unzüchtigen Lieder, die dichterischen Wert haben, sammelte, um eine literarische Speise für gewisse Feinschmecker, die den Haut-goût lieben, herzustellen. Hier wird ein Ganzes geschaffen, das als solches wirken soll; es ist also auch als Einheit, als Schrift im Sinne unseres Gesetzes zu behandeln, auch wenn einzelne, nicht schamverletzende Lieder hineingekommen sind.

Auch sonst können an sich selbständige Stücke so zusammengearbeitet werden, daß sie nur als Teile eines Ganzen in Betracht kommen, so z. B. einzelne Lehren, die zusammen eine Gesamtkenntnis eines gewissen Gebietes bringen sollen, wie Lehren des guten Tons oder der Kunst zu lieben, auch Briefsammlungen, die ein Bild einer Person geben sollen, wie die Briefe der Ninon de l'Enclos oder des Lord Chesterfield an seinen Sohn[120]).

Nicht darauf aber kommt es an, ob die einzelnen Stücke für sich verständlich sind, so daß sie etwa in einer literarischen Sammlung für sich abgedruckt werden könnten. Durch solche Verständlichkeit hören sie noch nicht auf, Teile zu sein, wenn sie nur im Zusammenhange mit dem Ganzen, in dem sie stehen, wiedergegeben sind und in diesem wirken können und sollen. Darum sind einzelne Kapitel eines Romanes keine Schriften im Sinne unseres Gesetzes, auch wenn sie kleine, selbständige Skizzen vorstellen könnten. Anders wäre es nur, wenn ein Kapitel so sehr aus dem Rahmen des Dichtwerkes herausfällt, daß es notwendig eine besondere Wirkung für sich haben muß oder dies gar erkennbar beabsichtigt ist.

Wie nun die Zusammenstellung in einem Buche für sich allein aus selbständigen Werken kein neues Ganzes machen kann, so kann anderseits ein Teil nicht dadurch allein zu einer selbständigen Schrift werden, daß er äußerlich getrennt wird, wenn also etwa ein Buch in Lieferungen erscheint. Vorausgesetzt ist, daß nicht durch die äußere Trennung für die Leser oder doch für viele von ihnen der innere Zusammenhang zerrissen wird, worauf wir in Kapitel 14 zurückkommen.

Zu zweifeln geben die eingeschalteten Erzählungen Anlaß, wie sie früher beliebt waren, besonders die Rahmenerzählungen. Im „Don Quixote" des Cervantes kommen z. B. Geschichten vor, die eine Person des Romans den andern erzählt und die mit der eigentlichen Handlung gar nichts zu tun haben. Ähnliches findet sich schon in alter Zeit bei Homer, nämlich das Lied von der Liebe des Ares und der Aphrodite, und ausnahmsweise noch in neuer Zeit, wie bei Dickens die Geschichte des Wahnsinnigen in den Pickwick-Papers. Man hat heute hiergegen berechtigte künstlerische Bedenken, die auch schon in älterer Zeit aufgetaucht sind. Sie gründen sich auf das Unorganische solcher Einschiebsel, womit es zusammenhängt, daß sie im Sinne unseres Gesetzes als selbständige Schriften gelten. Anders, wenn die eingeschobene Erzählung zur Charakterisierung einer Person des Dichtwerkes dient oder gar die darin vorkommenden Personen selbst in die Handlung eingreifen. So, wenn in Scheffels „Ekkehard" der Ritter die Geschichte vom Schmiede erzählt, oder Goethe in

„Wahrheit und Dichtung" sich selbst als Kind ein Märchen erzählen läßt.

Bei der Rahmenerzählung tritt die Geschichte, die den Rahmen bildet, an Bedeutung hinter den eingeschobenen zurück; sie ist hauptsächlich dazu da, um Gelegenheit zum Erzählen der letzteren zu geben. Als Beispiele dieser heute kaum noch üblichen Art seien genannt: Tausendundeine Nacht, Hauffs Märchen, Goethes Unterhaltung deutscher Ausgewanderter und, als besonders wichtig, Boccaccios Decamerone. Diese sind verschieden zu beurteilen. Unzweifelhaft ist Tausendundeine Nacht keine einheitliche Schrift. Die einzelnen Erzählungen sind nur dadurch rein äußerlich zusammengehalten, daß sie derselben Scheherſad in den Mund gelegt sind. Untereinander haben sie nichts gemein, als daß sie dem Kulturkreis entstammen, dem eben der Zusammensteller angehört, dem des orientalischen Mittelalters. Sonst sind sie untereinander so verschieden wie möglich: Heldensagen und Reiseabenteuer, Märchen und Humoresken, grausige Gespenstergeschichten und Diebsschwänke. Selbst die Nationen, denen sie ihre Entstehung verdanken, sind verschieden: Araber, Perser und Inder, ein buntes Sammelsurium, um die Zahl der Nächte voll zu machen. In nichts weiter einheitlich, als daß sie im europäischen Leser eine orientalische Grundstimmung erwecken — genau wie etwa die wahllose Zusammenstellung von Grimms Märchen und Heyses Novellen, Poes Schauergeschichten, Doyles Detektivnovellen und Mark Twains humoristischen Skizzen in einem türkischen Leser die gemeinsame Stimmung des Fränkischen erwecken würde. Die rein äußerliche Einfügung in den einen Rahmen genügt also nicht, um die verschiedenen Stücke zu einer einheitlichen Schrift zu gestalten, und wären etwa einzelne Erzählungen aus Tausendundeine Nacht unzüchtig, so wäre es nicht das ganze Buch; anderseits würden jene auch nicht durch den überwiegend straflosen Inhalt des Buches gedeckt werden können, sondern jede einzelne der betreffenden Erzählungen wäre strafbar.

Liegt die Sache nun beim Decamerone ebenso? Der Verfasser hat worauf auch einige Bemerkungen im Vorwort und im Schlußwort hindeuten, ein einheitliches Kunstwerk schaffen wollen, das als Ganzes wirken sollte. Und das ist ihm gelungen. Die Rahmenerzählung ist mit ebenso großer Kunst und Sorgfalt behandelt wie die einzelnen Novellen, der Verfasser verliert sie nie aus dem Auge und verknüpft häufig die einzelnen Geschichten miteinander. Diese sind, wenn auch mannigfachen ernsten und heiteren Inhalts, doch nicht wahllos zusammengestoppelt, sondern zeigen eine gewisse Einheit des Charakters. Nicht etwa nur dadurch, daß es sämtlich Kulturbilder aus dem späteren Mittelalter sind oder daß sie denselben feinen Stil und Erzählungston zeigen, was nicht genügen würde, sondern sie sind der Lage, in der sich die Erzähler befinden, einigermaßen angepaßt. Die jungen Männer erzählen mehr gepfefferte Geschichten als die jungen Mädchen, sie drücken sich auch vielfach anders aus. Allerdings sehr viel Sorgfalt ist hierauf nicht verwendet, zur Charakterisierung der einzelnen Erzähler dienen ihre Geschichten nicht. Meist könnte man nicht raten, ob ein Mann oder eine Frau spricht, der Stil ist immer derselbe, immer der des Boccaccio, die Geschichten sind offenbar die Hauptsache, nicht ihre Zusammenfassung, nicht ihr Rahmen. Aber immerhin ist der Zusammenschluß der einzelnen Erzählungen zu einer Einheit dem Verfasser soweit gelungen, daß man das Buch als Ganzes beurteilen muß. Daher können die einzelnen Novellen nicht als selbständige unzüchtige Stellen verfolgt werden. Sie können anderseits auch nicht den ganzen Decamerone zur unzüchtigen Schrift machen, da sie sich gegenüber den unanstößigen Geschichten nur vereinzelt finden. Und diese Auffassung allein kann sie, oder richtiger ihre deutsche Übersetzung, vor dem Strafrichter retten, denn daß einzelne Erzählungen, wie die vom taubstummen Gärtner, vom Teufel in der Hölle und vom Mädchen mit der Nachtigall [121]) trotz aller Kunst und Grazie des Verfassers, trotz des Zauberhauchs des Klassischen, der sie umwittert, die Grenze des Unzüchtigen überschreiten, ist wohl sicher. Läßt man den Rahmen weg und bringt die Stücke nur als einzelne, unverbundene Novellen, dann ist jede von diesen eine besondere Schrift. Ähnliches wird vom Heptameron der Margarete von Navarra zu gelten haben. Doch damit kommen wir schon zu einer andern Frage, die uns im nächsten Kapitel beschäftigen wird.

Hier werfen wir noch kurz einen Blick auf das Gebiet der bildenden Künste. Da gibt es keine ähnliche Bedeutungslosigkeit der einzelnen Teile. Ist da ein Teil der Darstellung unzüchtig, so ist er entweder eine selbständige Darstellung, die für sich zu beurteilen ist [122]), oder er teilt dem Ganzen seinen unzüchtigen Charakter mit. Für letzteres möchte ich ein Bild des Francesco Cossa anführen, genannt Trionfo di Venere [123]). Es stellt zahlreiche junge Männer und Mädchen im Kostüm seiner Zeit, des 15. Jahrhunderts, vor, deren einer seine Dame liebkost, indem er ihr vor den Augen der andern seine linke Hand vorn zwischen einen Schlitz des Kleides einschiebt. Der bei weitem größte Teil des Bildes ist ganz harmlos. Auch ließe sich wohl im Sinne des § 41 III StGB., wo es sich um teilweise Unbrauchbarmachung handelt, sagen, daß nur ein Teil des Bildes strafbar ist, aber im Sinne des § 184 ist das ganze große Gemälde unzüchtig, wenigstens in deutlichen Nachbildungen, die nicht wissenschaftlichen Zwecken und dergleichen dienen. Praktisch wichtig ist dies nur insofern, als hier nicht das Ganze wegen seiner überwiegenden Unanstößigkeit einen einzelnen unzüchtigen Teil decken kann.

Übrigens können auch Reihen von Bildern ein unzüchtiges Ganzes vorstellen, z. B. wenn sich die obszöne Bedeutung erst aus der Betrachtung aller Stücke ergibt.

Kapitel 14.

Veränderungen an Kunstwerken. Bearbeitung und Wiedergabe.

Durch Bearbeitung und Wiedergabe eines Kunstwerkes wird fast stets etwas an seinem Charakter verändert. Erstreckt sich diese Veränderung auf Eigenschaften, die für die Frage des Unzüchtigen von Bedeutung sind, so kann die Beurteilung des Originals in dieser Hinsicht ganz anders ausfallen als die der Bearbeitung oder Wiedergabe. So vielfach jene Eigenschaften sind, so verschieden können die abweichenden Wirkungen solcher Veränderung sein. Ich will nur die praktisch wichtigsten anführen.

Eine der häufigsten Veränderungen ist die des inneren Zusammenhanges [124]). Dessen Bedeutung haben wir schon kennen gelernt, als wir vom Einfluß einzelner unzüchtigen Stellen auf den Charakter der ganzen Schrift sprachen. Es leuchtet nun ein, daß, wenn das Verhältnis des Teiles zum Ganzen und damit der innere Zusammenhang verändert wird, dann auch oft die Strafbarkeit anders zu beurteilen ist. Das kann geschehen, indem etwas Selbständiges zu einem Teil eines Ganzen gemacht wird oder umgekehrt. So kann die vorhandene Strafbarkeit des Inhalts beseitigt werden. Wenn z. B. ein Dichter ein kleines, unzüchtiges Gedicht in einer Gedichtsammlung veröffentlicht, so ist es, wie wir sehen, als selbständige Schrift strafbar. Nun veröffentlicht er später einen Roman, in dem sonst nichts Anstößiges vorkommt, und läßt es darin eine der handelnden Personen vortragen, um sie zu charakterisieren. Dann wird das Gedicht nicht mehr strafbar sein; die Herstellung eines inneren Zusammenhanges hat die Strafbarkeit aufgehoben. Daß das Herausreißen aus einem Zusammenhange die Strafbarkeit beseitigt, wird selten vorkommen. Möglich wäre es bei zusammengehörigen Bildern, deren obszöner Sinn erst aus ihrer Zusammenstellung erkennbar wird.

Viel häufiger ist der Fall, daß durch Herausnehmen einzelner Teile aus dem Zusammenhange diese erst den strafbaren Charakter erhalten; so, wenn ein Stück einer Schrift allein veröffentlicht wird, das ursprünglich nicht so selbständig war, um eine besondere Schrift vorzustellen. Dann wird dieses durch die abgesonderte Veröffentlichung eine Schrift im Sinne des § 184, und nur sein Inhalt allein, nicht der ursprüngliche Zusammenhang, der ja den Lesern nicht geboten wird, ist für die Frage der Unzüchtigkeit maßgebend. Es macht auch keinen Unterschied, wenn später einmal andere Teile derselben größeren Schrift veröffentlicht werden, falls dadurch nicht allgemein für die Leser der ursprüngliche innere Zusammehang erkennbar wird. Das gilt auch von der Veröffentlichung in Zeitungen, auch wenn sie täglich erscheinen. Was in jeder einzelnen Zeitungsnummer steht und für sich verständlich ist, das ist im Sinne unseres Gesetzes eine selbständige Schrift, da die Nummern einzeln verkauft zu werden und nicht im Zusammenhange gelesen zu werden pflegen, und daher ihr Inhalt für sich auf die Leser wirkt. So hat das Reichsgericht[125]) in einem Falle entschieden, wo Heinses Ardinghello stückweise in den Nummern einer Zeitung veröffentlicht worden war. Mit Recht hat da das Reichsgericht einzelne dieser Stücke als selbständige unzüchtige Schriften angesehen. Denn mag man die darin vorkommenden oben erwähnten Schilderungen weiblicher Nacktheit im Zusammenhange des ganzen Werkes als unzüchtige Stellen ansehen oder nicht — einzeln dargeboten, sei es allein, sei es mit wenig sonstigem Text dazu, wirken sie schamverletzend.

Auch durch die Art des Ausstellens kann ein Zusammenhang beseitigt werden, z. B. wenn man nur eine Seite eines Buches sichtbar auslegt oder nur eine Abbildung eines Werkes, ohne daß der Text zu lesen ist [126]).

Doch nicht nur durch Geben und Nehmen der Teileigenschaft kann der Charakter eines Werkes beeinflußt werden, sondern auch durch Auslassen und Zusammenfügen von Stellen einer Schrift, also durch Kürzung. So können die Teile der Schrift eine ganz andere Bedeutung erlangen. Als berühmtestes geschichtliches Beispiel kennen wir die Emser Depesche des Königs Wilhelm von Preußen, die Bismarck durch bloße Kürzung nach Moltkes Ausspruch aus einer Chamade in eine Fanfare verwandelt hat. Daher kann auch durch solche Kürzung ein Werk unzüchtig werden, das es früher nicht war, sondern nur einige anstößigen Stellen enthielt, vor allem, wenn diese Stellen für die Auswahl des Gebotenen maßgebend gewesen sind. So sind z. B. die gesamten Memoiren Casanovas für das große Publikum nicht interessant genug und wegen ihres Umfanges zu kostspielig, als daß ihre Herausgabe ein sehr gewinnversprechendes Unternehmen wäre. Man pflegte sie daher nur auszugsweise zu drucken und dabei die Stellen beizubehalten, die einen größeren Leserkreis anziehen, als er sich sonst für die Memoiren merkwürdiger Personen der Vergangenheit interessiert: das sind die Stellen, die von den Liebesabenteuern des Verfassers handeln und meist unzüchtig sind. So werden diese Stellen für die Auswahl entscheidend, sie geben dem nunmehrigen Ganzen seinen Charakter, wenn sie auch durch andere Stücke unterbrochen sind, und die ganze Schrift wird dadurch unzüchtig [127]).

Etwas anderer Art, aber im Erfolge ähnlich ist die Weglassung des Rahmens in einer Rahmenerzählung. Wir hatten schon als Beispiel den Decamerone gehabt [128]). Wenn eine Ausgabe nichts davon bietet als die einzelnen Novellen, so werden diese aus Teilen eines Ganzen zu selbständigen Schriften, und jede ist für sich daraufhin zu beurteilen, ob sie durch ihren Inhalt eine unzüchtige Schrift darstellt. Wir hatten schon Gelegenheit, diese Frage bei einzelnen zu bejahen [129]).

Weitere Beispiele der Bearbeitung mit gleicher Wirkung sind: Hervorhebung bestimmter Stellen durch den Druck, Einfügung von Anmerkungen, Erklärungen oder von verbindenden Stellen usw.

Auch eine Übersetzung ist eine Bearbeitung. Schon dadurch, daß sie Übersetzung ist, kann sie auf das Schamgefühl anders einwirken als das Original, und das nicht nur aus dem schon berührten Grunde, daß die fremde Sprache das Interesse in anderer Weise in Anspruch nimmt als die heimische [130]). Der Hauptgrund ist ein anderer. Ich habe schon Gelegenheit gehabt [131]) zu erwähnen, welche Wichtigkeit für das Schamgefühl Worte und Ausdrücke haben, unabhängig von ihrem Sinn oder doch außer ihm. Worte der Muttersprache wirken hier oft stärker als die einer fremden, auch wenn keine gemeinen Ausdrücke gebraucht werden, und selbst auf solche Menschen, die die fremde Sprache gut beherrschen. Daher benutzt man in wissenschaftlichen Vorträgen und Abhandlungen, und wohl auch in der Umgangssprache, oft ganz oder halb lateinische Ausdrücke wie penis, vagina, uterus, meretrix, Testikeln. Wer in einer gemeinverständlichen Schrift deutlich zum Ausdruck bringen will, daß er nur zu wissenschaftlichen Zwecken und für ein dafür empfängliches Publikum schreibt, gebraucht in der Regel besonders häufig solche lateinischen Worte für alles, was in anständiger Gesellschaft nicht erwähnt zu werden pflegt. Fremde Worte wirken eben anders auf unser Empfinden als die entsprechenden einheimischen, auch wo ihre Bedeutung genau übereinstimmt.

So kann durch eine Übersetzung, auch wenn sie das Original gut widergibt, die Wirkung der Ausdrücke verstärkt werden, und dadurch können Schriften, die sich der Grenze des Unzüchtigen nähern, ohne sie zu überschreiten, in einer Übersetzung unzüchtig werden. Das kann z. B. bei einzelnen minder anstößigen Novellen des Decamerone, einzelnen Schriften von Paul de Kock und „Aphrodite“ von Louys leicht geschehen. Man kann hiergegen nicht einwenden, daß eine gute Übersetzung unser Schamgefühl doch nicht mehr verletzen könne als das Original das Gefühl derjenigen, deren Muttersprache die Ursprache des Werkes ist. Damit, ob für diese die betreffende Schrift schamverletzend ist, haben wir es ja nicht zu tun.

Es ist sehr wohl möglich, daß eine englische Schrift, die für Engländer auch nach unserer Meinung schamverletzend wäre, es für deutsche Leser nicht ist, da durch die Fremdheit der Sprache die Wirkung abgeschwächt wird. Dies ist der Hauptgrund, weshalb die Gerichte sich so selten mit der Anwendung des § 184 auf fremdsprachige Werke zu befassen haben. Doch könnte sehr wohl eine französische Schrift, die sonst in Deutschland unbeanstandet bleiben muß, in solchen elsässischen Gebieten, wo man allgemein die französische Sprache mindestens so gut wie die deutsche versteht, als unzüchtig zu behandeln sein. Ein Beispiel wäre vielleicht die illustrierte Ausgabe des schon mehrfach genannten Romans „Aphrodite" von Louys zu 95 Centimes. Auf die Erweiterung des Leserkreises durch die Übersetzung komme ich noch zurück.

Gilt das bisher Gesagte von einer guten Wiedergabe, so kann eine Übersetzung auch dadurch anders als das Original wirken, daß ihr infolge ihrer Mangelhaftigkeit diejenigen künstlerischen Eigenschaften fehlen, die dort die Empfindung der Schamverletzung nicht aufkommen lassen. So kann der Witz eines Aristophanes, die Feinheit eines Petronius, die Anmut eines Maupassant in der Übersetzung verloren gehen, und dann ist leicht die unzüchtige Schrift fertig.

Etwas Ähnliches wie beim Schriftwerk die Übersetzung ist beim Bildwerk die Wiedergabe in derselben oder einer andern Kunstart, die meist im Wege der mechanischen Vervielfältigung geschieht. Die Nachbildungen können selbst wieder Kunstwerke sein, wie Kupferstiche, manche Kunstdrucke, auch wohl Photographien, obwohl die eigentliche künstlerische Photographie sich mehr in Aufnahmen nach der Natur betätigt. Es können tüchtige, das Original gut zum Ausdruck bringende Wiedergaben ohne eigenen Kunstwert sein, wie die meisten guten Photographien nach Gemälden und Statuen. Sie können endlich minderwertig sein bis hinab zu den ästhetisch und technisch gleich unvollkommenen Versuchen ungeübter Liebhaberphotographen. Fast immer wird in den Nachbildungen mindestens noch ein Hauch von der Kunst des Originals zu spüren sein; aber sie alle weichen davon mehr oder weniger ab: die von den besten Künstlern geschaffenen oft am meisten. Gerade durch diese Abweichungen kann aber das, was bei dem Original den Eindruck des Unzüchtigen verhindert, abgeschwächt sein oder fehlen, z. B. der Gesichtsausdruck, die Stimmung des Ganzen, der Eindruck des Erhabenen, des Großen usw. Es kann auch etwas, was bei dem Original zurücktritt oder verschwindet, hervorgehoben sein. So kann nicht nur eine schlechte, sondern auch eine künstlerische Nachbildung eine unzüchtige Darstellung sein, während das nachgebildete Kunstwerk es nicht ist [132]. Man denke an eine Wiedergabe von Correggios Io, in der die Gestalt des Zeus deutlicher aus der Wolke hervortritt, oder von der Aphrodite Kalipygos, in der das Gesicht einen gemeinen Ausdruck erhalten hat.

Indessen ist es doch nicht die Regel, daß die Nachbildung in unserer Hinsicht einen andern Charakter hat als das Original. Daher muß man sich, wenn man eine Nachbildung für unzüchtig erklären will, stets die Frage vorlegen, ob wohl das Urbild diese Eigenschaft hat, und aus welchen Gründen die Nachbildung anders zu beurteilen ist als dieses. Hiervon wird man nur absehen können, wenn der Eindruck des Urbildes nicht festzustellen ist.

Die bildende Kunst kann aber nicht nur Kunstwerke aus ihrem eigenen Gebiet wiedergeben, sondern auch die Darbietungen anderer Künste, nämlich solcher, die mit dem Auge wahrgenommen werden, also der Tanz-, Schauspielkunst und sonstiger Schaustellungen künstlerischer Natur. Auch hier kann durch die Wiedergabe, und sei sie noch so treu, der Charakter des Ganzen verändert werden. Meist wird die bildliche Wiedergabe solcher Vorführungen, die anstößig sind, weniger bedenklich sein als die Vorführung selbst, da die Bildkunst in der Regel weniger stark wirkt als die Künste, die sich des menschlichen Körpers für ihre Zwecke bedienen. Doch ist auch das Umgekehrte möglich. Bei der Aufführung kann eine ernste oder große Stimmung herrschen, es kann durch die Beleuchtung eine phantastische oder übernatürliche Wirkung erzielt werden, so daß die Empfindung der Schamverletzung nicht aufkommen kann, und das alles könnte auf einer an sich vorzüglichen Photographie verloren gehen.

Kapitel 15.

Begleitende Umstände. Relative Unzüchtigkeit.

Im letzten Kapitel haben wir gesehen, wie ein Werk durch Veränderungen aus einem straflosen zu einem unzüchtigen werden kann. Dabei handelte es sich jedoch nicht um dieselbe Schrift oder Darstellung im Sinne unseres Gesetzes, denn durch die Bearbeitung, die Übersetzung, die Wiedergabe in anderer Kunstform entsteht immer ein neues Werk, dessen Charakter schließlich allein in Frage steht. Wir haben dabei die Ausdrücke „Werk", „Schrift" usw. — anders als bisher — gebraucht im Sinne von „Geisteserzeugnis", nicht im Sinne einer einzelnen Verkörperung dieses Erzeugnisses, wie es § 184 verlangt. Allerdings kann man auch eine individuelle Schrift oder Darstellung so verändern, daß sie einen anderen Charakter annimmt, z. B. ein Bild übermalen, aber solche Fälle sind so selten, daß wir uns nicht damit zu beschäftigen brauchen.

Nun kann aber auch wirklich dasselbe individuelle Werk, ohne daß es als solches verändert wird, und ohne daß ein neues Werk entsteht, einen anderen Charakter annehmen und aus einem straflosen zu einem unzüchtigen werden [133]). Das geschieht durch die äußeren Umstände, unter denen es in die Erscheinung tritt.

Dabei muß aber immer das festgehalten werden, daß das Unzüchtige eine Eigenschaft der Schrift, Abbildung oder Darstellung selbst sein muß, und daß es nicht genügt, wenn die damit vorgenommene Handlung, also das Verbreiten, Ausstellen, Feilhalten usw. den Charakter des Unzüchtigen an sich trägt. Das hat das Reichsgericht [134]) wiederholt mit Recht betont, und das unterscheidet unser Gesetz von manchen ausländischen Gesetzesbestimmungen, die nur voraussetzen, daß mittels der betreffenden Werke der strafbare Erfolg erzielt wird [135]). Da braucht das Unzüchtige nicht im Werke selbst enthalten zu sein, sondern kann lediglich in der Art der Verbreitung liegen.

Im einzelnen ist aber dieser Unterschied nicht immer leicht zu machen. Soviel ist zunächst sicher, daß der Zweck des Täters, der das Werk verbreitet, ausstellt usw., nicht maßgebend ist [136]). Dadurch allein, daß er bezweckt und auch erreicht, die Sinnlichkeit zu erregen oder das Schamgefühl zu verletzen, wird ein Werk nicht zu einem unzüchtigen. Es könnte ja z. B. ein Hausierer gute Photographien der Gruppen von der Berliner Schloßbrücke, ja selbst der Verkündigung von Donatello, in derartiger Absicht anpreisen, indem er die Bilder mit obszönen Worten erläutert und ihnen dabei einen schmutzigen Sinn beilegt, der ihnen im Original wie in der Nachbildung fremd ist. Solche Handlungen haben offenbar mit den Eigenschaften des Werkes, auf das sie sich beziehen, nichts zu schaffen.

Worauf aber kommt es an? Das Reichsgericht sagt [137]): auf die objektiven, mit dem Werke unmittelbar und äußerlich zusammenhängenden Umstände, sei es des Gegenstandes selbst, sei es der Form, sei es der Umgebung, des Ortes u. dgl., nicht aber auf bloße Zwecke im Sinne rein subjektiver, zufällig und willkürlich mit dem Gegenstande verknüpfter Absichten und Vorstellungen einzelner Personen. Diese Erklärung ist aber wenig befriedigend. Vor allem ist der Gegensatz von objektiv und subjektiv hier nicht glücklich. Das Reichsgericht meint mit objektiven Umständen solche, die in körperlichen Anordnungen, sei es des Werkes selbst, sei es seiner Umgebung bestehen [138]). Aber das sind nicht die einzigen möglichen objektiven Umstände. Wirklich subjektiv sind doch nur solche Seelenvorgänge des Täters, die in den äußeren Umständen der Tat nicht zum erkennbaren Ausdruck kommen, sondern nur anderswoher wißbar sind, z. B. durch Äußerungen des Täters vorher oder nachher. Dann sind aber Reden, die der Täter beim Feilbieten usw. führt, oder die ganze Art seines Geschäftsbetriebes keine subjektiven Umstände mehr, sondern objektive. Und doch können sie nach Ansicht des Reichsgerichts einem Werke nicht den Charakter des Unzüchtigen geben. Ferner ist aber auch die Beschränkung auf körperliche Veranstaltungen willkürlich, und es fehlt ihr die nötige Klarheit.

Zur richtigen Lösung führt uns folgender Gedankengang. Es gibt dreierlei Werke: solche, die an sich schamverletzend sind, solche, die es unter Umständen sein können, und solche, die höchstens zu schamverletzenden Handlungen benutzt werden können, ohne dabei selbst schamverletzend zu werden. Die beiden ersten sind unzüchtig oder können es sein, die letzten sind es nicht [139]). Der Unterschied zwischen der zweiten und dritten Klasse ist der: dort wird die Schamverletzung vom Werke selbst bewirkt, und die Umstände lösen nur die darin enthaltene Fähigkeit aus, indem sie Hindernisse beseitigen u. dgl., hier aber geht die Schamverletzung lediglich von der Verkettung der Umstände aus, und nur durch diese wird dem Werk die Fähigkeit gegeben, zu dieser Verletzung mitzuwirken. Mit anderen Worten: ist die Schamverletzung überwiegend auf das Werk zurückzuführen und weniger auf die begleitenden Umstände, dann wird diese Wirkung als Eigenschaft des Werkes angesehen und dieses ist unzüchtig; beruht die Verletzung aber überwiegend auf den anderen Umständen und wirkt das Werk mehr zufällig mit, dann fehlt ihm jene Eigenschaft. So nennen wir einen Revolver eine tödliche Waffe, obwohl seine Schüsse in den meisten Fällen, auch bei Verletzung edlerer Organe, nicht tödlich wirken, weil wir gegebenfalls die tödliche Wirkung überwiegend dem Schuß und nicht anderen Umständen zuschreiben; ein Fechtrapier mit einem Knopf am Ende ist dagegen keine tödliche Waffe, weil, wenn eine Verletzung damit tödlich wird, hieran überwiegend andere Umstände, und nicht der Stoß schuld sind. Solche Unterscheidung zwischen Haupt- und Nebenursachen mag vom philosophischen Standpunkt aus bedenklich sein; im täglichen Leben wie in der Rechtswissenschaft ist sie ebenso üblich wie praktisch unentbehrlich. Sie ist auch meist leicht zu machen, wenn auch natürlich gelegentlich schwierige Grenzfälle vorkommen.

Wir erklären also ein unzüchtiges Werk jetzt als ein solches, das allein oder unter begünstigenden Umständen das geschlechtliche Schamgefühl zu verletzen geeignet ist. Ein nicht unzüchtiges Werk ist dann ein solches, das das Schamgefühl nie verletzt, wenn es auch bei einer Schamverletzung als Nebenursache mitwirken kann. Wir unterscheiden also absolut und relativ unzüchtige und indifferente Werke.

Es ist nun nicht gesagt, daß die absolut unzüchtigen Werke immer und unter allen Umständen schamverletzend wirken müssen. Aber es müssen bei ihnen besondere Umstände vorliegen, die solche Wirkung ausschließen, sonst tritt diese ohne weiteres ein. So wirkt z. B. eine deutsche Übersetzung von Pietro Aretinos Gesprächen der Nanna und der Antonia schamverletzend, auch wenn keine begünstigenden Umstände hinzukommen. Wenn sie aber nur Bibliotheken, Gelehrten und sonstigen Personen, denen die kulturgeschichtliche Bedeutung der Schrift wesentlich ist, angeboten wird, so wird die Schrift ausnahmsweise nicht als unzüchtig gelten. Wollte man als absolut unzüchtig nur solche Werke bezeichnen, die nicht anders als unzüchtig sein können, so gäbe es solche überhaupt nicht, und der ganze Begriff des relativ Unzüchtigen wäre wertlos.

Ähnlich steht es um die indifferenten Werke. Auch sie können, wie wir sahen, mitbenutzt werden zu einer Schamverletzung. Denken wir an eine gute Kopie der sogenannten Madonna von Murillo im römischen Palazzo Corsini. Wenn jemand diese benutzt, um unter Hinweis auf den entblößten Busen die Sinnlichkeit zu erregen und dies durch eine Aufschrift zum Ausdruck brächte, so würde die Schamverletzung im wesentlichen durch diesen Hinweis, nicht durch das Bild bewirkt, und dieses kann nicht als unzüchtig, nicht einmal als relativ unzüchtig gelten. Vor solcher Benutzung ist vielleicht kein Kunstwerk sicher. So kann eine bekannte Feldherrnstatue in Berlin von einem bestimmten Punkte aus gesehen für ein empfängliches Auge einen obszönen Anblick gewähren.

Für das relativ Unzüchtige bieten ein Beispiel die Bilder nackter Frauen in dem sehr wertvollen Buche von Stratz „Die Schönheit des weiblichen Körpers". Niemand wird sie an sich als unzüchtig bezeichnen. Wenn diese Bilder aber in einem Papierladen, wo Schuljungen ihre Einkäufe besorgen, zur Schau gestellt werden und hierdurch das Schamgefühl verletzt wird, so werden die Bilder zwar mißbraucht und ihrem eigentlichen Zwecke entfremdet, aber immerhin sind es doch im wesentlichen die Bilder selbst, die das Schamgefühl verletzen, nicht die Umstände, unter denen sie zur Schau gestellt sind. Ein anderes Beispiel wäre ein wissenschaftliches Buch, das vom Geschlechtsleben handelt, und das in einem Schaufenster so aufgeschlagen liegt, daß eine gewisse anstößige Abbildung dem Publikum sichtbar ist, besonders wenn dabei der wissenschaftliche Text nicht erkennbar wird [140]).

Zu beachten ist, daß der Begriff der relativen Unzüchtigkeit sich immer nur auf eine individuell bestimmte Schrift oder Darstellung bezieht im Verhältnis zu den gerade sie begleitenden Umständen. Er hat nichts zu tun mit dem Verhältnis zwischen Original und Nachbildung. Man kann ein Kunstwerk nicht schon deshalb relativ unzüchtig nennen, weil es in seinen Nachbildungen oder Bearbeitungen sehr leicht unzüchtig wirkt, sondern nur die letzteren sind dann relativ oder gar absolut unzüchtig. So wird diese Bezeichnung von Binding, der sie geschaffen hat, gebraucht[141]). Ja, diese Eigenschaft kann sich, da immer nur die Verkörperung eines Geisteserzeugnisses in konkreten Gegenständen in Frage kommt, auf eine einzelne Ausgabe, z. B. eine illustrierte, beschränken[142]).

Trotz dieser Einschränkung sprechen manche Bedenken gegen den Ausdruck „relativ unzüchtig". Denn unter diese Bezeichnung fallen auch die schönsten und edelsten Werke der Kunst, sei es im Original, sei es in guten Nachbildungen, z. B. gute Photographien des Hermaphroditen im Thermenmuseum in Rom, der mediziäischen Venus, Correggios Leda, Tizians Venus von Urbino und Sindings „Zwei Menschen". Diese Meisterwerke relativ unzüchtig zu nennen, das muß jedem Kunstfreund widerstreben, und er würde sich freuen, solche anstößige Bezeichnung vermeiden zu können. Es geht aber nicht. Denn die Bezeichnung „unzüchtig" können wir uns nicht ersparen, wenn etwas schamverletzend wirkt, da es der Gesetzesausdruck ist; und daß alle diese Werke unter begünstigenden Umständen so wirken, das können wir nicht leugnen — es ist und bleibt eben doch in dieser Hinsicht ein Unterschied zwischen der Madonna des Murillo und der Venus des Tizian. Als abschwächendes und erklärendes Bestimmungswort ist aber „relativ" weitaus das deutlichste und bezeichnendste. Andere Worte wie „virtuell" oder „akzidentell" würden weniger klar sein und auch nicht besser klingen. So muß es denn bei der von Binding gefundenen Bezeichnung bleiben.

Die praktische Bedeutung unserer Unterscheidung besteht in Folgendem. Indifferente Werke können nie zur Verübung der Straftaten des § 184 benutzt werden, höchstens zu einer unzüchtigen Handlung im Sinne des § 183. Sie können ferner nicht nach § 41 StGB. in dem dort angegebenen weiten Umfange unbrauchbar gemacht werden, weil ihr Inhalt nicht strafbar ist, sondern es kann nur gegebenenfalls die beschränkte Einziehung gemäß § 40 StGB. erfolgen, sofern sie dem Täter oder Teilnehmer gehören; dagegen unterliegen sowohl absolut wie relativ unzüchtige Werke der Unbrauchbarmachung in den weiten Grenzen des § 41 StGB.[143]).

Die Unterscheidung zwischen absolut und relativ unzüchtigen Werken ist für die Strafbarkeit und die Unbrauchbarmachung ohne

Bedeutung. Praktisch wichtig ist sie insofern, als bei den absolut unzüchtigen besondere Umstände vorliegen müssen, die ihre Unzüchtigkeit beseitigen, bei den anderen aber solche besonderen Umstände, die sie herbeiführen. Im ersten Falle wird der Richter nur dann freisprechen, wenn sich aus der Verhandlung die betreffenden Umstände wenigstens als möglich ergeben haben; im zweiten Falle muß Freisprechung erfolgen, wenn die betreffenden Umstände nicht erwiesen sind.

Im folgenden ist es unsere Aufgabe, uns näher mit diesen Umständen zu befassen, sowohl mit denen, die ein Werk zum unzüchtigen machen, als mit denen, die ihm solche Eigenschaft nehmen können.

Kapitel 16.

Zusammenstellung von Werken. Bilder und Text.

Sehr häufig wird der Charakter eines Werkes verändert durch irgendeine Zusammenstellung mit anderen Werken.

Wenn mehrere selbständige Schriften unter einem gemeinsamen Titel in einem Buche vereinigt werden, so entsteht dadurch, wie erwähnt, kein neues Werk, selbst wenn dabei eine gemeinsame Stimmung, ein gemeinsamer Zweck u. dgl. obwaltet. Wohl aber kann dadurch ihre Wirkung auf das Schamgefühl so verstärkt werden, daß die Schriften in ihrer Zusammenstellung unzüchtig werden, was sie allein nicht sein würden. Man denke sich kleine Geschichten in der Art von Maupassants „Boule de Suif“ vereinigt zu einer Sammlung betitelt „Für Junggesellen“. Auch von Bildern gilt dasselbe. Gute Photographien von Gemälden, die nackte Frauen vorstellen, können in ihrer Zusammenstellung zu Serien einen unzüchtigen Charakter erhalten [144]). Umgekehrt kann die Aufnahme einer Schrift oder Abbildung in eine wissenschaftliche Sammlung ihr den unzüchtigen Charakter nehmen, indem sie dadurch unter die Herrschaft einer wissenschaftlichen Tendenz oder eines wissenschaftlichen Interesses gelangt.

Viel wichtiger aber ist die Vereinigung von Schrift und Bild. Diese kann dadurch geschehen, daß eine Aufschrift auf das Bild selbst gesetzt wird oder auf die Pappe, auf die es aufgezogen ist. Dadurch erhalten Schrift und Bild eine gemeinschaftliche Wirkung und diese kann schamverletzend sein [145]). Ein Beispiel wäre eine Photographie von Sindings „Zwei Menschen", wenn eine Aufschrift die Gruppe im obszönen Sinne deutete. Unzüchtig wäre dann nicht etwa allein die Aufschrift, sondern das Bild mit der Aufschrift, und das Ganze unterläge der Unbrauchbarmachung. Derartiges kann man nicht mit allen Kunstwerken machen. Ich nehme zwei in gewissem Sinne ähnliche und doch verschiedenen Beispiele: die schlafende Ariadne vom Vatikan und die ruhende Venus von Giorgione, oder vielmehr gute Photographien davon. Die letztere ließe sich leicht durch die Aufschrift „Après", wie das vorgekommen ist, zu einer unzüchtigen Abbildung machen. Die erstere würde dadurch unberührt bleiben, das obszöne Wort würde an ihr abgleiten wie Wasser von Öl, trotzdem es der mythologischen Situation gar nicht so fremd ist. Weshalb? Weil die edle Haltung der herrlichen Frauengestalt, die ganze Stimmung des erhabenen Kunstwerkes solche Gedanken Lügen straft. Niemals würden Bild und Schrift sich zu einer gemeinschaftlichen Wirkung vereinigen. Wir haben hier ein treffendes Beispiel für den Unterschied zwischen relativ unzüchtigen und indifferenten Werken. Wenn es einem Menschen gelänge, durch geeignete Vorführung des Bildes der Ariadne mit der Aufschrift das Schamgefühl zu verletzen, so würde doch niemals der Inhalt des Bildes, sondern nur der Inhalt der Aufschrift strafbar sein.

Übrigens wäre es nicht nötig, daß Bild und Schrift in mechanische Verbindung gebracht werden. Es genügt zur einheitlichen Wirkung, wenn die Verbindung nur eine räumliche ist, wenn z. B. in einem Schaufenster neben der Photographie ein Zettel mit der obszönen Deutung liegt.

Besonders üblich ist die Verbindung von Bild und Schrift zu Büchern. Das Verhältnis der beiden kann dabei sehr verschieden sein. Die Bilder mögen in gar keinem Zusammenhang mit dem Text stehen und nur als Buchschmuck dienen; als solcher mögen sie Anspielungen auf den Inhalt des Buches bringen; sie mögen in einer idealisierten oder auch realistischen Darstellung den Buchinhalt symbolisch zum Ausdruck bringen; sie mögen diesen Inhalt illustrieren, sei es, daß sie anderweit entstanden und nur zu diesem Dienst herangezogen sind, sei es, daß sie nur zu diesem Zweck geschaffen sind, wobei alle Übergänge vom Symbolischen zur bildlichen Wiedergabe bestimmter Vorgänge denkbar sind; endlich können sie auch Ausführungen der Schrift erläutern. In allen diesen bisherigen Fällen ist die Schrift Hauptsache, das Bild Beiwerk. Doch ist ebenfalls das Umgekehrte nicht selten. Auch hier kann das Verhältnis beider sehr verschieden sein, nur das wird nicht vorkommen, daß der Inhalt der Schrift gar nichts mit den Bildern zu tun hat. Aber sie braucht die Bilder oder selbst nur deren Stimmung nur zum Ausgangspunkt zu nehmen und kann dann ihre eigenen Wege gehn; sie kann die Bilder erläutern und beschreiben, sie kann den Text eines Schriftwerkes oder Auszüge daraus bringen, zu dem die Bilder als Illustrationen gedacht sind. Schrift und Bild können auch gleichwertig nebeneinander stehen.

Überall können sich da Bilder und Text in ihrer Wirkung gegenseitig so beeinflussen, daß das ganze Buch oder einzelne Bilder oder auch wohl einzelne Stellen unzüchtigen Charakter erhalten. Wir führen nun zunächst Beispiele an für die verschiedenen Beziehungen der Bilder zum Text und für deren Bedeutung bei der Frage des Unzüchtigen. Wir beginnen mit Werken, bei denen die Schrift das Wichtigere ist.

Platens Gedichte an seinen Freund sind keine unzüchtigen Schriften, mögen die Gefühle des Dichters bei ihrer Schöpfung gewesen sein, welche sie wollen. Wenn sie aber mit Vignetten geziert sind, die nackte, sich umschlingende Männer darstellen und dergleichen Gruppen, dann wird das Ganze, Schrift und Bild, unzüchtig sein, weil sie gemeinschaftlich schamverletzend wirken.

Eine illustrierte Ausgabe von Zolas „Nana" illustriert den Besuch von George bei Nana durch eine Darstellung, wie sie Menzel auf der Umrahmung seines Stiches „Die Marquise von Pompadour" angebracht hat. Dadurch würde die betreffende Stelle des Romans unzüchtig werden, nicht aber die ganze Schrift, wenn weitere derartige Illustrationen fehlen.

Eine deutsche Ausgabe von Mantegazzas „Physiologie der Liebe" zeigt auf dem Titelblatt ein Menschenpaar, das sich in glühender

Umschlingung küßt. Hier hat das Bild an sich nichts Schamverletzendes, auch nicht das Schriftwerk, das durchaus wissenschaftlich, wenn auch in poetischer Sprache geschrieben und nicht gerade tief ist. Beide zusammen erwecken aber die Empfindung, daß die Lektüre des Buches nicht der Belehrung, sondern der Unterhaltung, der gemeinen Neugierde dienen soll, und damit entfällt der Eindruck, daß das Buch eine wissenschaftliche Tendenz hat, daß es bei den Lesern, für die es bestimmt ist, ein wissenschaftliches Interesse erweckt, und ein Buch, das mit so eingehender Schilderung des Geschlechtslebens der Unterhaltung und damit sicher auch der Lüsternheit dient, wirkt schamverletzend. Es ist also nicht nur das Titelblatt unbrauchbar zu machen, sondern das ganze Buch oder doch wenigstens die vom Geschlechtsleben handelnden Stellen[146]).

Nicht jedes wissenschaftliche Buch, das von geschlechtlichen Dingen handelt, kann durch ein unangemessenes und selbst ein unzüchtiges Titelbild zu einer unzüchtigen Schrift gestempelt werden. Sein ernster, strenger Charakter kann das Bild abweisen wie das Bild der Ariadne die obszöne Aufschrift in unserem früheren Beispiel. Dann wird allerdings nur das Bild unbrauchbar zu machen sein. Das wäre z. B. sicher der Fall, wenn ein Herausgeber es sich einfallen ließe, auf dem Umschlage von Krafft-Ebings Psychopathia sexualis die Gruppe des Satyrs und der Ziege aus dem Neapler Museum abzubilden.

Ein ferneres Beispiel betrifft eine eigentliche Illustration. In einer Ausgabe des Decamerone ist die unanständige Geschichte vom verzauberten Baum[147]) durch ein Bild illustriert, das einen Mann auf einem Baume sitzend zeigt. Dieser betrachtet mit erstauntem Gesicht ein Paar, das sich am Fuße des Baumes umschlungen hält, ohne daß man bei dem Paare Näheres erkennen kann. Hier wird, wenn auch nicht das ganze Buch, so doch das Bild durch die Beziehung zu der Novelle unzüchtig, während es dies für sich nicht wäre.

Ein Beispiel für ein Werk, wobei die Bilder die Hauptsache sind, wäre folgendes. Ein Buch bringt alle Bilder nackter Frauen, die sich auf einer Kunstausstellung finden, nach Art von Armand Silvestres „Le Nu au Salon“, macht sie aber zum Ausgangspunkt von lauter kleinen erotischen Geschichten. Dann können Bilder und

Text zusammen sehr wohl das Schamgefühl verletzen, was sie einzeln nicht bewirkt hätten. Ähnlich, wenn auch etwas anders, wäre es, wenn solche Bilder mit obszönen Beschreibungen herausgegeben würden.

Es bieten sich so eine Menge Möglichkeiten der Zusammenstellung. Es kann an sich entweder nur das Bild oder nur der Text oder keines von beiden unzüchtig sein; und es kann durch die Zusammenstellung das Bild oder eine Stelle der Schrift oder die ganze Schrift oder auch das Ganze, d. h. Bild und Schrift zusammen unzüchtig werden. Macht ein Bild nur einen Teil einer Schrift unzüchtig, so kann diese, wie oben ausgeführt, durch den sonstigen unanstößigen Charakter der Schrift gedeckt werden, so daß insofern nichts Strafbares vorliegt.

In allen solchen Fällen, wo Bild und Schrift verbunden sind, wäre es verfehlt, jedes für sich allein auf seine schamverletzende Wirkung zu prüfen. Mit Recht verlangt vielmehr das Reichsgericht [148]), man solle berücksichtigen, daß die Bilder für die Leser des Buches bestimmt sind, und — fügen wir hinzu — der Text für die Beschauer der Bilder. Alles, wovon die Erregung des Schamgefühls abhängig ist, kann durch solche Verbindung geändert werden: die erkennbare Tendenz, die Art des Interesses des Publikums, die größere oder geringere Entfernung der Beziehung zum Geschlechtlichen, die Abschwächung oder Hervorhebung dieser Beziehung usw.

Aber die Verbindung von Bild und Schrift kann auch die entgegengesetzte Wirkung von der bisher behandelten haben: sie kann einem unzüchtigen Werk diesen Charakter nehmen, wobei allerdings nur der Text die Wirkung der Bilder beeinflussen kann, nicht umgekehrt. Ich spreche hier nicht von relativ unzüchtigen Bildern, also etwa von einer schematischen Zeichnung der Vereinigung der menschlichen Zeugungsorgane in einem wissenschaftlichen Buche. Denn da befindet sich die Zeichnung in ihrem normalen Zusammenhange, und man kann nicht sagen, daß dieser Zusammenhang ihr einen Charakter gäbe, der ihr allein nicht zukäme. Gemeint sind absolut unzüchtige Bilder, denen ein ihnen fremder Zusammenhang gegeben wird. Soll ihnen hierdurch der unzüchtige Charakter genommen werden, so muß die Schrift, in die sie aufgenommen sind, wissenschaftlicher Natur sein; andere Tendenzen und Interessen, wie z. B.

die Freude am Schönen, die Verbreitung einer neuen Ethik, genügen hierzu nicht. Es ist aber daran zu erinnern, daß der Begriff des Wissenschaftlichen recht weit ist. Dafür genügt, daß das Buch erkennbar das Wissen des Lesers vermehren will, daß insbesondere auch die Abbildungen diesem Zwecke dienen. Die Wissenschaft braucht es nicht zu bereichern, ja nicht einmal wissenschaftlichen Wert zu haben, d. h. es ist nicht nötig, daß es eine selbständige Geistesarbeit enthält. Es kann auch geistlos aus anderen Schriften zusammengestellt sein, kann die banalen Gedanken eines Dutzendmenschen enthalten; auch solche Bücher können das Wissen vieler Menschen vermehren. Wo wir diese Bestimmung merken, dieses Interesse der Leser voraussetzen, haben wir bei den Bildern nicht das Gefühl der Mißoffenbarung. Wir fühlen, daß etwas geboten wird, was grundsätzlich im Interesse der Menschheit notwendig ist, mögen wir auch im konkreten Falle einzelne Bilder oder selbst das ganze Buch für überflüssig halten. Nur wo wir das Gefühl haben, daß ein Bild ganz aus dem Rahmen einer wissenschaftlichen Schrift herausfällt, kann es schamverletzend wirken trotz wissenschaftlicher Absicht des Verfassers. Man erinnere sich der gedankenlos ausgewählten Illustrationen mancher populären Schriften und nehme an, daß einige davon schamverletzend seien.

Als Beispiel, wie der wissenschaftliche Charakter eines Buches seinen obszönen Illustrationen die Eigenschaft des Unzüchtigen nehmen kann, nenne ich das schon öfter von mir angeführte Werk von Fuchs „Geschichte der erotischen Kunst“. Es hat zahlreiche Abbildungen, sämtlich Wiedergaben von Kunstwerken und anderen Darstellungen erotischen Charakters, zum großen Teil von ihren Urhebern obszön gemeint. Trotzdem erscheinen sie nicht als unzüchtig, und zwar wegen des wissenschaftlichen Charakters des Textes im Verein mit ihrer Auswahl und Anordnung [149]), wenigstens wenn das Werk in geeigneter Weise feilgeboten und verkauft wird. Ohne den Text würden Auswahl und Anordnung hierfür nicht genügt haben. Will man ein Beispiel dafür haben, wie die ästhetische Tendenz in unserer Hinsicht der wissenschaftlichen nicht gleichkommt, so vergleiche man die in dem Fuchsschen Werk abgebildeten Zeichnungen des Belgiers Rops mit der Ropsnummer der Zeitschrift „L'Art et le Beau“. Obwohl einzelne Nummern der letzteren dem Gebiet des Unzüchtigen recht nahe kommen, hat sie doch nicht gewagt, so charakteristisch erotische Bilder von Rops zu bringen wie das Fuchssche Werk.

Kapitel 17.

Art der Verbreitung und Ankündigung.

Die äußeren Umstände, von denen das letzte Kapitel handelte, bestanden in einer Verbindung des Werkes mit einem anderen Geisteserzeugnis. In einzelnen Fällen war diese Verbindung recht lose; z. B. wenn neben ein Bild ein darauf hinweisender Zettel gelegt wird. Das berührt sich schon mit dem, wozu ich jetzt komme, nämlich der Bedeutung der Art und Weise, wie ein Werk dem Publikum oder überhaupt anderen Personen zugänglich gemacht wird. Auch solche Umstände können relativ unzüchtigen Werken den Charakter des konkret Unzüchtigen geben; sie können verhindern, daß sonst ausgleichende Umstände den Werken ihren unzüchtigen Charakter nehmen; ja sie können selbst den absolut unzüchtigen Werken ihre unzüchtige Eigenschaft rauben.

Ich habe schon früher erwähnt, welche Bedeutung die Stimmung des Beschauers hat. Wenn sie nicht vom Werke selbst, sondern von der Umgebung ausgeht, gehört auch sie hierher. Ebenso kann der Zweck des Verbreiters wichtig werden, wenn er erkennbar in den Umständen der Verbreitung zum Ausdruck gekommen ist. Wenn z. B. die Übersetzung einer pornographischen Schrift von Pietro Aretino nur zu wissenschaftlichen Zwecken feilgeboten, nur Gelehrten, Bibliotheken u. dgl. angeboten wird, so ist sie nicht unzüchtig. Wenn andererseits ein Versteigerer Kopien nach klassischen Gemälden, die nackte Frauen darstellen, mit Bemerkungen ausbietet, die die Lüsternheit der Kauflustigen wecken sollen, so können hierdurch die Kopien unzüchtigen Charakter annehmen. Es ist dies ein Beispiel dafür, daß die Ansicht des Reichsgerichts[150]) nicht immer zutrifft, wonach alle Merkmale der Unzüchtigkeit in oder an dem Werke verkörpert sein müssen.

Ebenso können Anpreisungen wirken, wie „Für Lebemänner", „Nur für Herren" [151]). Wenn wir ferner in einem Schaufenster zahlreiche Photographien nach Art von „Le Nu au Salon" sehen, umgeben von pikanter Lektüre, unanständigen Postkarten, populären Schriften über das Geschlechtsleben, dann werden wir sie als unzüchtig bezeichnen dürfen. Ebenso, wenn sie in Läden verkauft werden, die sonst mit Bildern und literarischen Erzeugnissen nichts zu tun haben, vielmehr mit Artikeln, die das Geschlechtsleben des Menschen betreffen, wie gewisse Gummiartikel. Auch nehme ich entgegen dem Reichsgericht (RG. 24, 368) an, daß auch die ganze Art des Geschäftsbetriebes denselben Einfluß auf den Charakter von relativ unzüchtigen Werken haben kann, wenn er nur bei der Verbreitung erkennbar ist. So z. B. wenn ein Verlag, der sich notorisch mit dem Vertriebe unzüchtiger Schriften befaßt, wie der frühere „Caviar" in Budapest, eine Übersetzung des Decamerone oder der Mandragola verbreitete. Allerdings darin hat das Reichsgericht recht, allein können solche Umstände ein Werk nicht zu einem unzüchtigen machen.

Da die Schamverletzung in einer Mißoffenbarung besteht, so kann dafür, ob sie vorhanden ist, auch die größere oder geringere Stärke der Offenbarung maßgebend sein, d. h. die größere oder geringere Öffentlichkeit, der ein Werk ausgesetzt wird. So gibt es Aktphotographien, die nicht schamverletzend wirken, wenn sie im Laden verkauft werden, wohl aber, wenn sie dort öffentlich ausliegen. Bei anderen wieder kann das Auslegen im Innern des Ladens unbedenklich sein, nicht aber das Ausstellen im Schaufenster, wo alle Welt vorübergeht. Endlich bei noch anderen mag auch das noch angehen, nicht aber, daß sie von Straßenhändlern ausgerufen und den Vorübergehenden vorgezeigt werden.

Ferner kann es einen Unterschied machen, ob ein Gegenstand in einem Museum an einer hervorragenden Stelle oder in einem verborgenen Winkel aufgestellt ist. Als Beispiel diene das römische Relief, das sich im Trierer Museum befindet oder befunden hat, und das die Wägung eines Phallus vorstellt, und wohl nur von sehr gründlichen Museumsbesuchern entdeckt werden kann, nämlich ohne Hilfe des Aufsehers. Auch bedeutet die Aufstellung in einem Museum überhaupt schon eine geringere Öffentlichkeit als die in einem Schaufenster — ganz abgesehen von der erwähnten Museumsstimmung, die ja mitunter nach der Art der Aufstellung und Unterbringung fehlen kann. So wären die Isisstatuetten mit dem schwarzen Dreieck aus dem Berliner Museum, der etruskische Bronzekronleuchter mit den phallischen Gestalten aus dem Museum in Cortona wohl in jeder Antikensammlung zulässig; im Schaufenster eines Antiquitätenladens aber schamverletzend.

Die größere oder geringere Stärke der Offenbarung kann auch darin bestehen, daß ein Werk nicht sowohl mehr oder weniger Personen als verschiedenen Kreisen des Publikums zugänglich gemacht wird. Da dies von besonderer praktischer Wichtigkeit ist, soll es in einem besonderen Kapitel behandelt werden.

Kapitel 18.

Die Kreise des Publikums.

Ein Werk kann auf unser Schamgefühl ganz verschieden wirken, je nach den Kreisen, denen es zugänglich gemacht wird, sei es ausschließlich, sei es vornehmlich, sei es gleicherweise mit anderen.

Eine der Veranstaltungen, um den Kreis des Publikums zu beschränken, ist der Preis. Ist er hoch, wenn auch durch die Ausführung oder Ausstattung des Werkes durchaus gerechtfertigt, so sind nur wenige in der Lage und geneigt, sich das Werk anzuschaffen. Die meisten, die nur eine pikante Lektüre oder ein lüsternes Bild suchen, vermeiden es, hierfür viel Geld auszugeben. Es bleiben hauptsächlich nur d i e als Käufer übrig, die das Werk aus wissenschaftlichem, beruflichem oder ästhetischem Interesse verlangen, daneben allerdings solche, die auf Obszönitäten in höherem Stile besonderes Gewicht legen, und die reichen Genießer, für die der Preis keine Rolle spielt. Anderseits werden auch viele ernsthafte Begehrer durch die Höhe des Preises ausgeschlossen. Wenn diese also auch keineswegs eine reinliche Scheidung zwischen ernsthaften und lüsternen Begehrern zu bewirken vermag, so wirkt sie doch meist stark in diesem Sinne, so daß sie zur Folge haben kann, daß das Werk ganz überwiegend zu ernsthaftem Zweck verlangt wird. So kann der hohe Preis, oder wenn man will, auch die Ausführung oder Ausstattung, die solchen Preis erfordert, öfters mit anderen günstigen Umständen zusammen das Gefühl der Schamverletzung verhindern [152]). Man wird darin vielleicht eine Privilegierung der Reichen sehen, aber das wäre doch nur eine unbeabsichtigte Nebenwirkung, und solche läßt sich, wenn sie auch nicht wünschenswert ist, nicht immer vermeiden, wenn es sich um den Schutz der Allgemeinheit handelt [153]). Unter Umständen kann allerdings auch der hohe Preis ein Anzeichen für die unzüchtige Tendenz des Werkes sein. Wenn er nämlich nicht durch die Gestehungskosten gerechtfertigt ist, bedeutet er oft eine Risikoprämie für die Gefahren der gerichtlichen Beschlagnahme und Bestrafung. Rein pornographische Schriften pflegen daher verhältnismäßig teuer zu sein.

Als weitere Umstände, die den Kreis der Abnehmer oder Beschauer beschränken, seien genannt: Angebot an nur wenige, wohl gar individuell bestimmte Personen, Herstellung in sehr geringer Auflage, kurzes Ausstellen in einem geschlossenen Raum ohne besondere Ankündigung, Anschlagen an Orten, wo meist nur bestimmte Personenklassen verkehren usw. Auch die fremde Sprache mag in diesem Sinne noch einmal erwähnt werden, da auch sie die Zugänglichkeit einer Schrift erheblich beschränkt [154]).

Von den Kreisen, auf die die Zugänglichkeit eines Werkes beschränkt werden kann, haben wir besondere wissenschaftliche, ästhetische u. dgl. Interessenten erwähnt. Aber diese Kreise können auch viel umfassender sein. So macht es oft einen großen Unterschied, ob Gegenstände nur den Gebildeten oder auch der großen Masse des Volkes zugänglich sind, oder gar in erster Reihe der letzteren. Ist der Druck und das Papier eines Buches schlecht, oder die Illustrationen roh und unsorgfältig ausgeführt, oder erscheint es in zahlreichen billigen Lieferungen, oder ist die Sprache schlechtes Zeitungsdeutsch, setzt der Verfasser einen geringen Bildungsgrad des Lesers voraus, erklärt er Fremdworte und französische Ausdrücke, die allen Gebildeten geläufig sind, dann wendet sich das Buch offenbar an die Ungebildeten, denn Gebildete pflegen derartiges nicht zu lesen. Ebenso, wenn ein Aufsatz oder eine Erzählung in einer meist von Arbeitern gelesenen

Zeitung erscheint [155]). Dasselbe gilt von billigen, schlecht ausgeführten Ansichtskarten, auf denen Kunstwerke abgebildet sind.

Von ähnlicher, wenn auch schwächerer Wirkung ist es aber schon, wenn gewisse Werke nicht gerade vornehmlich den Ungebildeten zugeführt werden, aber doch diesen gleicherweise wie den Gebildeten. Das geschieht fast stets durch besondere Billigkeit des Preises, die natürlich ebenso ausbreitend wirkt, wie ein besonders hoher Preis einschränkend. Hierher gehören billige Volksausgaben, sagen wir vom Decamerone, oder billige, oft auch schon überhaupt Übersetzungen, oder billige, wenn auch nicht gerade schlechte Ansichtskarten mit den Nuditäten vom Pariser Salon, den Venussen, Ledas und sonstigen unverhüllten Frauenschönheiten [156]). Etwas anderes ist dagegen, wenn wertvolle Kunstwerke in Schaufenstern u. dgl. jedermann zur Ansicht ausgestellt werden. Denn wenn sie auch jeder Ungebildete sehen kann, so wenden sie sich doch nicht erkennbar an diese, sondern an solche, die imstande sind, sie zu würdigen und gegebenenfalls zu kaufen.

Der Grund, weshalb Werke, die in erkennbarer Weise vornehmlich oder doch ebenfalls für die ungebildeten Klassen bestimmt sind, leicht schamverletzend wirken, ist der, daß diese meist nicht imstande sind, die künstlerischen, wissenschaftlichen und ästhetischen Ziele, die in den Schriften und Bildern zum Ausdruck kommen, zu würdigen. Sie nehmen vielmehr nur das davon auf, was zur Sinnlichkeit spricht, so daß für sie z. B. die Aphrodite Kalipygos und irgendein fast nacktes Frauenzimmer, das dem Beschauer frech seine Kehrseite zeigt, ganz gleichbedeutend ist.

Je höher das Verständnis der unteren Klassen für das Schöne und Künstlerische ausgebildet ist, um so mehr darf ihnen dasselbe geboten werden wie den Gebildeten. So wird der römische Arbeiter, trotz des stärker ausgebildeten sinnlichen Zuges der Italiener, manche Bilder mit rein ästhetischem Empfinden betrachten, die für den Berliner Proletarier nur pikante Nuditäten sind. Dem Berliner Arbeiter wieder wird mehr auf diesem Gebiete geboten werden können als dem niederbayrischen Bauernknecht.

Mit alledem sollen nicht etwa populäre Schriften, die der Menge den Sinn für das Schöne und für die Kunst öffnen wollen, verurteilt werden. Wenn das nicht nur ein Vorwand ist, so wird gerade diese ernste gute Absicht des Werkes trotz billigen Preises und trotz Berechnung auf die große Menge es verhindern, daß es schamverletzend wirkt, und gerade sein erkennbarer Zweck wird es ausschließen, daß der ungebildete Käufer es mit lüsternen Gedanken liest oder betrachtet. Allerdings, wenn das Werk seinen Zweck völlig verfehlt, wenn wegen der Unverständlichkeit oder Dürftigkeit seines Inhaltes das ungebildete Publikum darin beim besten Willen nur eine Sammlung unanständiger Bilder sehen kann, dann kann es trotz der vorhandenen guten Absicht unzüchtig sein. Bloße Bilder, ohne Anweisung, sie zu sehen, werden, wenn sie von relativ unzüchtiger Art sind, überhaupt nicht geeignet sein, den Kunstsinn des Volkes zu entwickeln, außer auf einer schon vorgeschrittenen Stufe. Da sind Darstellungen erfolgreicher, bei denen der rein ästhetischen Betrachtung nicht ein so mächtiges Interesse wie das geschlechtliche entgegensteht. Da tut eine vorzügliche Wiedergabe von Dürers Peter Holzschuher, wie sie jetzt für 75 Pfennige verkauft werden, mehr als alle unsterblichen Götter und Göttinnen des ganzen Olymps in ihrer unverhüllten Schöne. Man sollte doch bedenken, daß selbst das kunstsinnige Volk der Hellenen, nachdem es schon lange Zeit die Männer nackt hatte darstellen sehen, sich erst langsam daran gewöhnt hat, daß auch Frauengestalten im durchscheinenden Gewande oder nackt abgebildet wurden. Im Anfang mag das manchen an Hetären erinnert haben trotz allen Zaubers der Kunst.

Einen besonderen Kreis des Publikums, der vor dem Einflusse unzüchtiger Werke besonders zu schützen ist, bilden Kinder und Unerwachsene. Allgemein herrscht das Gefühl, daß an das, was diesen zugänglich gemacht wird, besonders hohe Anforderungen zu stellen sind. Unser Schamgefühl wird daher durch derartige Schriften und Darstellungen besonders leicht verletzt. Und das nicht ohne tiefen inneren Grund. Nicht nur stumpft sich das Schamgefühl in der Jugend besonders leicht ab; es wird auch in dem jugendlichen Alter, wo die sexuellen Regungen beginnen, und in der Folgezeit der Geschlechtstrieb leicht erregt und das ganze Geschlechtsleben leicht in falsche, niedere Bahnen gelenkt [157]). Auch haben Unerwachsene, gerade wie die Ungebildeten, vielfach für die künstlerische und wissenschaftliche Bedeutung eines Werkes keinen rechten Sinn und beachten daher überwiegend seine geschlechtlichen Beziehungen. Die Beurteilung ist also nicht etwa deshalb eine strengere, weil das Gefühl der Unerwachsenen leichter verletzt würde — was gar nicht zutrifft —, sondern weil das Schamgefühl der Erwachsenen empfindlicher ist, wenn das Publikum aus Kindern besteht.

Nun kann man allerdings nicht verlangen, daß dort, wo neben Erwachsenen auch Kinder verkehren, den ersteren solche Werke entzogen werden, die auf die letzteren schädlich wirken könnten. Das widerspräche ganz und gar unseren Gewohnheiten und würde eine unerträgliche Beschränkung bedeuten[158]). Was für alle bestimmt ist, braucht auf Kinder keine besondere Rücksicht zu nehmen. Die Sitze unserer Straßenbahnen, die Stufen unserer Treppen, die Höhe unserer Fenster sind nicht für Kinder gemacht, so oft sie auch von Kindern benutzt werden. So sind auch die Gegenstände in unseren Museen nicht danach ausgewählt, wie sie auf Unerwachsene wirken, obgleich diese recht häufige Besucher der Museen sind. Wohin ferner würde es führen, wenn eine Kunsthandlung nicht Sindings „Zwei Menschen", eine Buchhandlung nicht Forels „Sexuelle Frage" ins Schaufenster legen dürfte, weil, was vielleicht eintreten kann, dadurch Unerwachsene Schaden an ihrer Seele nehmen könnten?

Was aber verlangt werden muß, wenn unser Schamgefühl nicht verletzt werden soll, ist, daß solche Werke, die die geschlechtliche Reinheit der Unerwachsenen bedrohen, ihnen nicht gerade in hervorragender Weise zugänglich gemacht werden. Sie dürfen nicht dort verbreitet werden, wo sich vorzugsweise Kinder aufhalten, also z. B. nicht auf der Straße vor den Schulen, in Geschäften, wo Kinder ihren Schulbedarf einzukaufen pflegen, auf Spiel- und Sportplätzen der Jugend. Erst recht unzulässig ist der Verkauf oder die sonstige Verbreitung gerade an Unerwachsene, wenn dies erkennbar ist. Unter solchen Umständen können Nummern von „L'Art et le Beau", Photographien von Correggios Jo, Tolstois Kreutzersonate, Schriften des Vereins für Mutterschutz, als unzüchtige Werke gelten, letztere besonders, wenn sie, wie das allerdings ohne Zutun des Vereins vorgekommen ist, auf der Straßenbahn an junge Mädchen verteilt werden.

Doch darf man auch hier nicht zu weit gehen. Wer schon daran Anstoß nimmt, wenn den Kindern Photographien griechischer nackter Statuen ohne Feigenblatt vorgeführt werden, der übertreibt. In derartigen Kunstwerken nur das Schöne und nichts Unanständiges zu sehen, können Kinder nicht früh genug lernen. Solche mögen daher ruhig auch in Handlungen mit Schulbedarf ausliegen.

Wenn es sich um Gegenstände handelt, die auch bei einem erwachsenen Publikum als unzüchtig zu gelten hätten, so wird der Umstand, daß sie vornehmlich Unerwachsenen zugänglich gemacht sind, bei der Strafzumessung zu berücksichtigen sein. Diese Strafschärfung liegt durchaus im Sinne des Gesetzgebers, der im § 184 Nr. 2 und im § 184 a besondere Vorsorge für den Schutz der Jugend gegen seelische Vergiftung durch schamverletzende Schriften und Darstellungen gegeben hat.

Als ein besonderer Kreis des Publikums sind auch die Frauen anzusehen. Dabei kommt es nicht darauf an, ob die Frauen ein anders geartetes geschlechtliches Schamgefühl haben als die Männer, sondern, ob das Schamgefühl der Allgemeinheit, auch der Männer, in anderer Weise erregt wird, wenn ein Werk Männern allein zugänglich ist, als Frauen, sei es allein, sei es zugleich mit Männern. Da ist es nun sicher, daß bei gewissen Schriften und Darstellungen, wenn sie Frauen dargeboten werden, die Männer ihr Schamgefühl verletzt fühlen, während diese, wenn sie unter sich sind, dieselben Werke nicht als unzüchtig empfinden. So ist der Eintritt in das sogenannte Museo pornografico in Neapel, einem Teile des großen Museums, den Frauen untersagt, wohl nicht nur, um diese gegen ihre eigene Wißbegier oder Neugier zu schützen, sondern um das Schamgefühl der Männer zu schonen, denen man es ersparen will, mitanzusehen, wie Frauen solche Obszönitäten gezeigt werden. Aber es ist wohl nicht allein maßgebend das widerwärtige Gefühl gewesen, daß beide Geschlechter zugleich das Anstößige zu Gesicht bekommen. Vielmehr würde wohl das Schamgefühl nicht nur der Frauen, sondern auch der Männer auch dann verletzt werden, wenn besondere Besuchsstunden für Frauen eingeführt würden. In andern Fällen allerdings, wo es sich nicht um eigentliche Pornographie handelt, sondern einfach um das Geschlechtsleben des Menschen, wie bei manchen sogenannten anatomischen Museen, wird sich eine Schamverletzung dadurch verhindern lassen, daß Männer und Frauen zu verschiedenen Zeiten zugelassen werden. Das ist ein Beispiel aus dem Gebiete der Naturwissenschaft. Aus dem der Kunst und den damit zusammenhängenden Wissenschaften ist mir keins gegenwärtig, da man dort allgemein annimmt, daß Frauen solche Werke, die sie in Gesellschaft von Männern nicht sehen dürfen, auch unter sich nicht sehen sollen. Das wird vielleicht einmal anders werden, wenn rein wissenschaftliche Bestrebungen auf dem Gebiete der Kunst- und Kulturgeschichte unter den gebildeten Frauen allgemein verbreitet sein sollten.

Worauf beruht nun diese besondere Empfindlichkeit, wenn es sich um Frauen handelt? Es hängt zusammen mit der allgemein bei Männern wie Frauen verbreiteten Meinung, daß die Frau im Geschlechtsleben und was damit in Beziehung steht, zurückhaltender sein muß als der Mann, daß sie ohne Gefahr für das allgemeine Wohl sich nicht dasselbe erlauben und nicht denselben Einwirkungen ausgesetzt werden darf wie dieser. Wieweit dies in der menschlichen Natur begründet ist, ferner ob und wieweit die Frauen schamhafter sind als die Männer, das wollen wir hier nicht untersuchen, da es uns in ein sehr schwieriges und umstrittenes Gebiet führen würde[159]). Uns genügt es, festzustellen, daß wir eben das tief eingewurzelte Gefühl, nicht etwa nur die vernunftgemäße Ansicht haben, daß Frauen das Geschlechtliche in geringerem Maße offenbart werden darf als Männern, daß also durch Dinge, die Frauen zugänglich sind, das Schamgefühl leichter verletzt wird. Das gibt dann den betreffenden Schriften und Darstellungen den Charakter des Unzüchtigen, den sie sonst nicht haben würden. Es ist ein gleiches Empfinden wie das, das einzelne Professoren der Medizin bewogen hat, Frauen von ihren Vorlesungen fernzuhalten, und das den Gerichtshof veranlaßt, wenn Frauen im Zuhörerraum sind, den Ausschluß der Öffentlichkeit leichter zu beschließen als sonst.

Vorgeschrittene Frauen und ihre männlichen Gesinnungsgenossen werden vielleicht über diese verschiedene Behandlung beider Geschlechter empört sein und von Bevormundung und Unterdrückung reden. Sie werden vielleicht sagen, daß, was den Männern allein geboten werden könne, auch beiden Geschlechtern zusammen vorgeführt werden dürfe. Das würde aber nach dem Stande unserer wie auch der meisten ausländischen Gesetze deshalb nicht durchschlagen, weil danach das wirklich gegebene Schamgefühl und seine Verletzbarkeit nun einmal maßgebend sind. Aber auch de lege ferenda wäre es nicht zu billigen, wenn der Richter entscheiden sollte, ob das verletzte Schamgefühl von einem höheren Standpunkt aus berechtigt ist. Die Folge wäre dann nur, daß das vorhandene Schamgefühl abgestumpft würde, ohne daß das Gesetz ein Mittel hätte, ein neues, geläutertes an die Stelle zu setzen. Das kann, wie bemerkt, nur dadurch geschehen, daß die Gesamtheit in ethischer, ästhetischer und intellektueller Hinsicht gehoben wird.

Solche Änderung kann und wird wahrscheinlich bei uns eintreten. Wenn wir dann wissen werden, daß gebildete Frauen solche Dinge, wie sie hier in Frage stehen, mit demselben Interesse betrachten wie heute die gebildeten Männer, daß sie daran nicht in erster Reihe das Unanständige sehen, dann wird sich die Verletzbarkeit des Schamgefühls von selbst ändern, und die Rechtsprechung wird das zu berücksichtigen haben. Dann werden vielleicht auch in Pompeji weibliche Kustoden den wissenschaftlich interessierten Damen den Verschluß der phallischen Gestalten öffnen, der sich jetzt nur den Männern erschließt, vermutlich weil der menschenkundige Kustode bei ihnen allein ein wissenschaftliches Interesse voraussetzt. Und wenn einst die gebildete Frau auf Kunstgegenstände wie die im Neapler **Museo pornografico** nicht mehr allgemein mit dem Ausrufe „**shocking**" reagiert, dann wird nichts im Wege stehen, sie dort zuzulassen. Wer von ihnen aber h e u t e anders reagiert, dürfte fast ausnahmslos zu einer ganz andern Klasse als der der wissenschaftlich interessierten Frauen gehören.

Von großer praktischer Bedeutung ist die Frage nicht, da die Werke selten sind, die so an der Grenze stehen, daß sie zwar Männern, aber nicht Frauen dargeboten werden dürfen. Es wird sich dabei übrigens meist um die Ausstellung der Werke handeln, da der Verkauf und dergleichen an jede Person einzeln zu geschehen pflegt und es daher dem Gefühl nicht so deutlich zu werden pflegt, daß der Verkauf an Frauen geschieht. Auch hier ist es übrigens für die Strafzumessung von Bedeutung, ob unzüchtige Werke nur Männern oder auch Frauen — natürlich anständigen — zugänglich gemacht werden.

Zum Schluß noch ein Wort darüber, was n i c h t als besonderer Kreis des Publikums anzusehen ist. Das sind Gruppen von Personen, von denen man erwarten kann, daß ihr Schamgefühl erheblich abgestumpft ist, z. B. die Besucher eines Variététheaters, in dem unanständige Vorträge an der Tagesordnung sind [160]. Werden dort

z. B. Bilder verkauft oder kinematographische Darstellungen vorgeführt, die ein nicht abgestumpftes Schamgefühl verletzen würden, so sind sie unzüchtig. Der Umstand, daß die gewöhnlichen Besucher solcher Lokale Freude am Unzüchtigen und am geschlechtlichen Reiz haben, dient nicht dazu, unser Schamgefühl unempfindlich zu machen. Ebenso ist es, wenn in Lokalen, wo Prostituierte oder auch Verbrecher verkehren, obszöne Bilder verkauft werden. Selbstverständlich ist die Gefährlichkeit solcher Handlungen nur gering, und das ist bei der Strafzumessung zu berücksichtigen.

Kapitel 19.

Das Schamgefühl des normalen Menschen.

Ich habe bereits eine Erwägung berührt, die sich jedem aufdrängt, daß nämlich die Empfindlichkeit des geschlechtlichen Schamgefühls bei den einzelnen Menschen sehr verschieden ist. Trotzdem habe ich bisher immer allgemein von der Verletzung des Schamgefühls gesprochen, als habe jeder Mensch das gleiche [161]) wie der andere. Ich habe aber schon ausgeführt, warum dies für unsere bisherigen Untersuchungen möglich und notwendig war. Doch nun ist es an der Zeit, auch diese wesentliche Verschiedenheit zu behandeln.

Wir gehen also davon aus, daß das Schamgefühl der einzelnen auf gleiche Anstöße sehr verschieden reagiert. Der eine findet das Manekin Pis in Brüssel reizend, der andere fühlt dadurch sein Schamgefühl schmerzlich verletzt, der Dritte hat gar kein Interesse und Gefühl dafür und findet es ebenso albern wie harmlos. Wessen Gefühl ist nun maßgebend?

Vorweg aber noch eine Bemerkung. Die Frage, wessen Schamgefühl maßgebend ist, ist durchaus verschieden von der andern, mit Rücksicht auf w e n man sein Schamgefühl verletzt fühlt. Ich habe das schon gelegentlich erwähnt, hebe es hier aber nochmals hervor, weil beides sehr häufig, auch vom Reichsgericht [162]), verwechselt wird. Besonders deutlich ist dieser Unterschied in einem uns hier nicht beschäftigenden, dem unseren aber nahe verwandten Falle, dem der unzüchtigen Handlung im Sinne des § 183 StGB. Dort ist ein Erfordernis der Strafbarkeit, daß jemand wirklich Ärgernis genommen hat, was nach § 184 nicht nötig ist. Nun braucht aber derjenige, der Ärgernis nimmt, dies nicht notwendig wegen seiner eigenen Person zu tun, sondern auch wegen anderer, deren Schamgefühl gar nicht verletzt wird, z. B. wegen anwesender kleiner Kinder. Er würde vielleicht, wenn er allein Zeuge der Tat geworden wäre, kein Ärgernis genommen haben. Im Falle des § 184 ist der Unterschied nicht so deutlich, weil die wirkliche Verletzung des Schamgefühls einer Person nicht erforderlich ist. Doch ist auch hier der Unterschied beider Fragen erkennbar. Wird ein kulturgeschichtlich interessantes Buch mit obszönen Bildern nur einem beschränkten Personenkreis angeboten, der aus Männern der Wissenschaft, aber auch Lebemännern besteht, so ist die Eigenschaft des Unzüchtigen bei dem Werke nicht etwa deshalb ausgeschlossen, weil von den Käufern die einen durch ihr wissenschaftliches Interesse, die andern durch ihre Freude am Obszönen vor Verletzung ihres Schamgefühls geschützt sind. Dadurch, daß es andern Personen als solchen mit wissenschaftlichem Interesse zugänglich gemacht wird, wirkt es schamverletzend, mag es auch für keinen Erwerber schädlich sein. Hier sind es also die Lebemänner, mit Rücksicht auf die (nicht etwa mit Rücksicht auf deren S c h a m g e f ü h l) das Schamgefühl anderer Personen, vielleicht das der Männer der Wissenschaft, verletzt wird. Wir sehen nun auch, warum das Publikum eines Varietétheaters für die Beurteilung dessen, was man ihm bietet, nicht maßgebend ist.

Noch weniger braucht gegebenenfalls die Person, deren Schamgefühl verletzt wird, zusammenfallen mit der, deren Sittlichkeit bedroht ist; denn es wird ja überhaupt nicht gefragt, ob im konkreten Falle jemandes Sittlichkeit gefährdet ist — man denke an den Verkauf obszöner Bilder an Prostituierte. Es ist eine oft in manchen Witzblättern, aber auch sonst wiederkehrende irrige Behauptung, es müßte der, der an einem wirklichen Kunstwerk oder an einem wissenschaftlichen Werke wegen dessen Unzüchtigkeit Anstoß nimmt, selbst ein schwacher, etwa lüsterner, innerlich unzüchtiger Mensch sein, wenn er nicht gar ein Heuchler ist [163]). Das Gegenteil ist der Fall. Lüsterne, unzüchtige Menschen nehmen an erotischen und ins Sexuelle spielenden Sachen keinen Anstoß; in der Regel nehmen Anstoß nur solche, auf deren Sinnlichkeit das Werk nicht einwirkt — wobei wir von der Heuchelei absehen. Es kommt ja vor, daß jemand seine Sinnlichkeit erregt oder der Erregung nahe fühlt, sich dessen schämt, und nun das Werk ihn zugleich anzieht und verletzt, aber das sind Ausnahmen. Das Normale ist, daß gerade der gegen die Verlockungen des Unzüchtigen feste Mensch sein Schamgefühl durch geschlechtlich anstößige Dinge verletzt fühlt, mag es auch vielleicht am unrechten Ort sein, weil ihm das Verständnis für Wissenschaft und Kunst fehlt.

Kehren wir nun zu unserer Frage zurück, wessen Schamgefühl maßgebend sein soll. Es leuchtet ohne weiteres ein, daß bei der Auswahl der maßgebenden Personen solche mit besonders empfindlichem Schamgefühl ebensowenig in Betracht kommen wie solche mit besonders abgestumpftem. Wir wissen auch bereits, daß hierbei nicht der Maßstab eines Idealmenschen anzulegen ist, der ein Schamgefühl hat, wie es sein *sollte*, nicht zu empfindlich und nicht zu stumpf. Das würde zur größten Rechtsunsicherheit führen, da es dann jedem Richter überlassen bliebe, sich das ideale Schamgefühl zu denken, wie er will. Je nach seiner Vorstellung vom Idealen könnten klassische Kunstwerke unterdrückt werden, oder es könnten sich Pornographien breit machen, die das Schamgefühl fast aller Zeitgenossen verletzen und so die Sittlichkeit untergraben. Zudem wäre der subjektive Tatbestand des § 184 meist schwer festzustellen, was zur Bestrafung nötig ist [184]): wer sich den idealen Menschen als eine sinnliche Bestie vorstellt, dessen Leben vor allem in erotischem Genießen besteht und dessen Kraft sich im Geschlechtlichen auslebt, der würde die schamlosesten Bilder ungestraft verbreiten dürfen, wenn sie nur von heimlicher Lüsternheit frei sind; er dürfte sich ungescheut über die wirklichen Gefühle seiner Mitmenschen hinwegsetzen.

Es bleibt nichts übrig, als daß der Richter sich bescheiden nach dem Tatsächlichen richtet. Nicht was die Menschen empfinden sollten, sondern was sie wirklich empfinden, muß sein Maßstab sein. Und da sie verschieden empfinden, so muß er das Ungewöhnliche auf beiden Seiten aussondern und das berücksichtigen, was dazwischen liegt. Solche mittleren Eigenschaften spielen im Recht von jeher eine Rolle, so z. B. die Eigenschaften eines guten Hausvaters im römischen Recht, eines ordentlichen Kaufmanns im Handelsgesetzbuch. Das ist eine Person, die mit einem gewissen höheren Grade von Sorgfalt, Umsicht, Erfahrung verfährt, nicht mit weniger, nicht mit mehr, mit dem Grade, der tatsächlich gewöhnlich von solchen gezeigt wird, die man im Leben als gute Hausväter, als ordentliche Kaufleute ansieht[165]). Ungewöhnliches, wie es z. B. dazu gehört, um als „königlicher Kaufmann" über die Menge hervorzuragen, wird nicht verlangt. Unter sich sind natürlich die ordentlichen Kaufleute wieder an Sorgfalt, Umsicht und Erfahrung recht verschieden, ein gewisses geringeres Maß nimmt ihnen noch nicht diese Eigenschaft, ein gewisses größeres erhebt sie noch nicht unter die ungewöhnlichen Menschen. Genügend ist das geringste Maß, bei dem man noch als ordentlicher Kaufmann angesehen wird.

So ist auch der viel verspottete Normalmensch[166]), d. h. normal in bestimmter Beziehung, in der Rechtswissenschaft ein bewährter Hilfsbegriff, der auch für den Begriff des Unzüchtigen unentbehrlich ist.

Man darf aber nicht, wie das vielfach, auch vom Reichsgericht[167]), geschehen ist, das Normale mit dem Durchschnittlichen verwechseln. Dieser Unterschied wird am deutlichsten auf rein körperlichem und der Statistik zugänglichem Gebiet. So ist normal — auch bei uns in Deutschland — ein gewisses schönes Verhältnis zwischen der Länge des menschlichen Rumpfes und der Beine; was davon merklich abweicht, ist anormal. Fragt man aber die Statistik der Messungen, so findet man, daß die tatsächlichen Verhältnisse zwar um dieses Normale herumschwanken, aber mehr nach einer Seite zu. Nimmt man daher den Durchschnitt aller dieser gemessenen Verhältnisse, so ergibt sich als durchschnittliches ein vom normalen abweichendes Verhältnis[168]). Das Normale ist also zwar im Tatsächlichen begründet, ein Ist-, kein Sollwesen, aber nicht die rechnerische Mitte, so daß es sich sofort verschöbe, wenn einmal zufällig mehr Fälle auftreten, die nach der einen Richtung hinneigen. Normalsichtig ist ein Auge, auf dessen Netzhaut ein scharfes Bild durch die Linse fällt, mag es auch viel mehr Kurzsichtige als Übersichtige geben, so daß der Durchschnitt eine gewisse geringe Kurzsichtigkeit wäre.

Zu erkennen, was normal ist, dazu gehört also einerseits nicht ein bloßes Zählen, Messen, Rechnen, sondern auch ein Werturteil. Es ist aber anderseits kein bloßes Ideal, das man sich nach theoretischen Grundsätzen oder nach hervorragenden Menschen zurechtmacht. Wenn eine religiöse Lehre besagt: die Menschen sollen rein von Sünde sein wie die Kinder, aber in Wahrheit sind sie fast alle Sünder, dann ist der sündenfreie Mensch der ideale, aber gewiß nicht der normale.

Das Normale liegt also zwischen dem Durchschnittlichen und dem Idealen. Es ist das, was nicht selten vorkommt und im allgemeinen als das Richtige angesehen wird. Es läßt unter sich recht erhebliche Verschiedenheiten zu. Es gleicht nicht dem Punkt oder der Linie, sondern einer Fläche. Es umfaßt alles, was nicht anormal ist[169]).

Dieser Unterschied besteht auch auf geistigem Gebiet, nur ist er hier nicht so leicht zu erkennen wie auf körperlichem. Wenn wir von der Ausbildung des Schamgefühls bei einem normalen und bei einem durchschnittlichen Menschen reden, so können wir in beiden Fällen nicht messen und zählen, sondern wir müssen schätzen, im Geiste vergleichen. Und doch ist es etwas anderes, wenn wir hier einen Durchschnittsmenschen und wenn wir einen Normalmenschen meinen. Der erstere hat diejenige Verletzbarkeit des Schamgefühls, von der die wirkliche der verschiedenen Menschen gleich häufig und gleich stark nach beiden Seiten hin abweicht; der Normalmensch hat diejenige, die im Leben häufig vorkommt und im allgemeinen als dem Typus des Menschen entsprechend gilt.

Normal muß der maßgebende Mensch sein in bezug auf sein Schamgefühl. Unrichtig ist es aber, von einem normalen Schamgefühl zu sprechen, wie das Reichsgericht es öfters tut[170]). Denn es kommt nicht nur darauf an, wie das Schamgefühl beschaffen ist, ob feiner oder gröber, sondern ganz allein darauf, wie und unter welchen Umständen es verletzbar ist. Insbesondere ist es für den Begriff des normalen Menschen auch von Bedeutung, inwieweit er durch anderweite Interessen, z. B. wissenschaftliche oder künstlerische, derart in Anspruch genommen ist, daß ein Werk auf ihn nicht schamverletzend wirkt. Unter einem anormalen Menschen ist also nicht nur ein solcher zu verstehen, der einen geistigen oder ethischen Mangel oder auch nur ein sehr gering ausgebildetes Schamgefühl hat, noch viel weniger jemand, der in sexueller Beziehung anormal ist[171]), sondern auch jeder, dessen Sinn beim Betrachten von Werken der bildenden Kunst oder beim Lesen von Dichtungen, die den meisten anstößig sind, in einer über das Normale hinausgehenden Weise durch andere Interessen so gefesselt wird, daß eine

Verletzung seines Schamgefühls ausbleibt. Das kann bei einem Menschen ein vorübergehender Zustand sein. So kann jemand, der sonst ein empfindliches Schamgefühl hat, sich über den Anblick eines obszönen Bildes freuen, wenn dies der langersehnte Schuldbeweis gegen einen Widersacher ist. Dann ist der Betreffende in diesem Augenblick kein normaler Mensch bezüglich des Schamgefühls. Ebenso wird ein Literaturforscher, dem es darauf ankommt, am Stil und dergleichen nachzuweisen, daß eine gewisse anonyme Schrift von einem bestimmten Verfasser herrührt, für die Obszönität des Inhalts, soweit sie für seine Aufgabe nicht wichtig ist, kein Gefühl übrig haben. Dieser Zustand der Anormalität kann regelmäßig bei gewissen Gelegenheiten wiederkehren, z. B. bei einem Psychiater, sobald eine anstößige Schrift für ihn medizinisches Interesse hat. Der Zustand kann auch geradezu dauernd werden, so wenn jedes Kunstwerk bei jemand ein solches anormal starkes Interesse erweckt. So hat z. B. ein Maler meist einen so ungewöhnlich starken Sinn für das Künstlerische, daß er an einem Bilde fast nur das rein malerisch Interessante sieht und alles andere, z. B. was es individuell vorstellt, wie es benannt ist, ob der Gegenstand anstößig ist, welche Wirkung das Bild auf das große Publikum macht, ihm kaum zum Bewußtsein kommt. Ähnlich wird der Kulturforscher, der sich mit der Erotik der verschiedenen Völker befaßt, in erotischen Bildern und Gedichten nur das kulturlich Interessante sehen; daß sie gegen die Sittlichkeit verstoßen, wird er kaum bemerken.

So ergibt sich eine Einschränkung des Einflusses, den die Erweckung von wissenschaftlichem, künstlerischem und dergleichen Interesse auf die Frage des Unzüchtigen hat: nur das Interesse ist maßgebend, das nicht anormal groß ist infolge des Berufes, der Beschäftigung, Liebhaberei oder ungewöhnlicher Sachkunde. In allen angeführten Fällen mag das Schamgefühl der betreffenden Personen ganz normal sein, aber sie selbst sind es nicht, da ihr Sinn anormal gefesselt ist. Wenn sie also ihr Schamgefühl durch das betreffende Werk nicht verletzt fühlen, so ist das nicht maßgebend, ohne daß man ihnen im geringsten zu nahe zu treten braucht. Der Maler A. mag ein viel empfindlicheres Schamgefühl haben als der Laie B., und doch kann er vor Zeichnungen von Beardsley bewundernd stehen und sich nicht im geringsten verletzt fühlen, die der sonst gröber veranlagte B. ehrlich als unzüchtig verschmäht. Man darf aber auch nicht umgekehrt sagen, daß es ein Zeichen eines schmutzigen Sinnes sei, in einem Kunstwerk nur das Nackte oder Geschlechtliche, nicht das Künstlerische zu sehen; es ist oft nur das Zeichen geringeren Kunstsinnes. Der Maler C. kann eine viel sinnlich-gemeinere Natur sein als der Laie D. und doch vor einem bestimmten Gemälde nichts als die reinsten ästhetischen und künstlerischen Empfindungen haben, wo D. nur das Geschlechtliche sieht und sein Schamgefühl verletzt findet. C. wird dann wohl gar noch den D. für einen unzüchtigen Menschen halten, der aus seiner Natur heraus in alles das Unzüchtige hineinlegt.

Daher sind Künstler, Schriftsteller, Kunstforscher und dergleichen Fachleute zwar geeignete Sachverständige für den künstlerischen, literarischen, wissenschaftlichen W e r t eines Werkes, aber die allerungeeignetsten dafür, ob es geeignet ist, das Schamgefühl zu verletzen [172]). Infolge ihrer besonderen Sachkunde und ihres daraus entspringenden besonderen Interesses sind sie keine Normalmenschen und können sich ganz besonders schwer in die Seele eines solchen versetzen. Sie wissen nur, wann i h r Schamgefühl verletzt wird, sowie das ihrer Berufsgenossen und das der Kunstverständigen, deren ästhetisches Urteil sie schätzen. Wie ein Werk aber auf Menschen wirkt, denen diese anormale Interessenablenkung fehlt, das wissen sie weder, noch interessiert sie das. Gerade die besten, denen es widerstrebt, im geschäftlichen Interesse die Empfindungen des Publikums zu studieren, um sich danach richten zu können, kümmern sich um solche Dinge am wenigsten. Für sie zählen Menschen nicht mit, die über dem künstlerischen Genuß nicht alles andere vergessen. Wenn sie dennoch nicht selten als Sachverständige geladen und darüber vernommen werden, ob ein Werk das Schamgefühl verletzt, so ist dem preußischen Justizminister Beseler darin zuzustimmen, daß dies unverständlich und nicht zu billigen ist.

Jeder Mensch, der nicht geradezu anormal ist, ist normal. Daher ist das Gebiet des Normalen recht weit. Da ferner bei uns weder Bildung noch Unbildung etwas Anormales ist, so können sowohl Personen mit erheblicher künstlerischer Bildung wie Personen ganz ohne solche zu den im Schamgefühl normalen Menschen gehören, sowohl der Kleinbürger, der vor einer nackten weiblichen Statue ungefähr dieselbe Empfindung hat wie vor einer nackten Frau, wie der gebildete Mann der Großstadt, der alle Kunstausstellungen mit vollem Verständnis besucht.

Dadurch wird das Gebiet des Unzüchtigen um so enger. Denn unzüchtig kann nur das sein, was das Schamgefühl jedes normalen Menschen verletzt [173]). Es würde nicht nur dem Sprachgebrauch widersprechen, das unzüchtig zu nennen, was von zahlreichen normalen Menschen gebilligt wird; es wäre auch gesetzgeberisch verfehlt, solche Gefühle zu schützen, die man bei einem normalen Menschen nicht voraussetzen muß, sondern die damit eben nur vereinbar sind. Unter den märkischen Bauern gibt es wohl ebenso viele Menschen mit normalem Schamgefühl wie unter den Berliner Geheimräten; unmöglich aber können letztere die Kunstgegenstände, die sie kaufen wollen, als unzüchtig behandeln lassen, nur weil sie das Schamgefühl der ersteren verletzen.

Man könnte gegen solche Einengung unseres Begriffes vielleicht einwenden, daß damit das Schamgefühl vieler normaler Menschen der Verletzung schutzlos preisgegeben sei, daß vor allem die Frauen nicht zu ihrem Rechte kämen. Indessen sind doch die schwächeren Brüder und Schwestern nicht schutzlos. Denn wir haben gesehen, daß der Umstand, daß solchen eine Schrift usw. zugänglich gemacht wird, nicht ohne Einfluß auf das Schamgefühl der Stärkeren bleibt. Wird doch sogar behauptet, daß den Frauen ihr Schamgefühl erst von den Männern aufgenötigt worden sei [174]). Wenn das auch kaum zutreffen wird, so ist doch so viel sicher, daß das Schamgefühl der Männer die Empfindungen der Frauen berücksichtigt. Und das ist allerdings, wie wir jetzt sehen, nötig. Denn wäre es nicht der Fall, dann würde das, was das Gefühl der Männer als solcher nicht verletzt, frei und das besondere Gefühl der Frauen schutzlos sein, da die Männer doch eben auch normale Menschen sind und also das, was sie nicht verletzt, nicht als unzüchtig gelten könnte [175]). Ähnliches gilt von andern Personenkreisen. Wenn Armand Silvestres „Le Nu au Salon“ in Papierhandlungen, wo Schuljungen verkehren, zur beliebigen Ansicht für diese ausliegt, so können die Schüler sogar überhaupt nicht als normale Menschen gelten, und ob ihr Schamgefühl verletzt wird, ist nicht maßgebend. Aber jeder normale Erwachsene, der das bemerkt, wird gerade dadurch, daß die Schüler solche Bilder zu sehen bekommen, in seinem Schamgefühl verletzt werden.

Da nun zu den normalen Menschen auch die wissenschaftlich und künstlerisch Gebildeten gehören, so sind die andern beim Schutze ihres Schamgefühls auf diese angewiesen. Werden diese durch den Kunstwert eines Bildes in einer Ausstellung so fortgerissen, daß sie darin nichts Schamverletzendes sehen, so mag das Bild bei Knaben und jungen Mädchen von unreifer Bildung Schaden stiften, und doch kann das Gericht nicht einschreiten. Auch das Umgekehrte kann vorkommen. Eine derbe Inschrift erotischer Natur in einem Sommerort, bei der der Bauer nichts Anstößiges findet, muß sich auch der in seinem Schamgefühl verletzte Gebildete gefallen lassen. Beides spricht nicht gegen unsere Auslegung.

Gilt aber nicht vielleicht dann etwas anderes, wenn ein Werk so ausschließlich einem bestimmten Kreise von Personen zugänglich gemacht wird, daß andere Personen dadurch gar nicht oder nur ausnahmsweise unmittelbar verletzt werden können? Ist da nicht etwa das Schamgefühl jenes Kreises wenigstens dann maßgebend, wenn er nur aus normalen Personen besteht? Ein Beispiel: Ein Maler, der sich über die Prüderie in einem vom Fremdenverkehr abgelegenen Dorfe geärgert hat, klebt an die Türen Photographien nackter klassischer Statuen: Apollo von Belvedere, Hermes von Praxiteles, die kapitolinische Venus. Alle werden dadurch in ihrem Schamgefühl verletzt außer einigen durchziehenden Landstreichern und einigen verkommenen Trunkenbolden und Liederjahnen aus dem Dorfe, kurz alle anständigen Leute, die die Bilder tatsächlich sehen. Schwerlich wird aber durch diesen dummen Streich das Schamgefühl aller andern normalen Menschen verletzt. Das Gefühl, daß auf ungebildete Bauern die klassischen Bilder wirklich einmal geschlechtlich erregend und entsittlichend wirken können, genügt dazu nicht; dazu ist die Bewunderung und Verehrung zu groß und die Dankbarkeit für den ästhetischen Genuß, den die klassischen Erzeugnisse des größten Kunstvolkes uns gewährt haben. Auch hier also können die Werke nicht als unzüchtig gelten, die nicht auf alle normalen Menschen schamverletzend wirken, mögen sie Zugang dazu gehabt haben oder nicht. Die beschränkte Anschauung einzelner Kreise kann auch hier den Richter nicht nötigen, ein Werk für unzüchtig zu erklären, das es für andere Normale nicht ist. Unmöglich kann es einen Unterschied machen, ob das Werk außer jenem ungebildeten Kreise noch einigen Gebildeten zugänglich war oder nicht, ob etwa in dem Dorf auch Sommergäste wohnten, die sich über die schönen Bilder gefreut haben. Man stelle sich die Beweiserhebung hierüber vor Gericht vor! Noch eine unmögliche Folge. Wenn es auf das Schamgefühl der andern normalen Menschen, denen das Werk nicht zugänglich gemacht ist, doch nicht ankommt, weil ihre unmittelbare Verletzung nicht in Frage steht, dann müßten die Kreise, denen das Werk zugänglich ist, auch dann entscheidend sein, wenn sie aus anormalen Personen, z. B. Prostituierten, beständen. Daß das nicht stimmt, haben wir bereits gesehen. Auch wenn die Verbreitung auf ganz bestimmte Kreise beschränkt ist, muß also für diese der Schutz genügen, den sie dadurch haben, daß bei dem Schamgefühl der andern normalen Menschen die Rücksicht auf jene Kreise von Bedeutung ist. Die Anschauungen der letzteren und ihre geistige Verfassung sind daher zwar mitbestimmende Umstände für den Begriff des Unzüchtigen, sie sind aber niemals allein entscheidend. Und das ist gut so. Denn so ist das Gefühl der Gebildeten von maßgebender Bedeutung, und das der Zurückgebliebenen findet trotzdem seine ausreichende Berücksichtigung. Und der Gesetzgeber kann bei solcher Auslegung wie Solon von sich sagen:

Also trat ich mit starkem Schild als Schützer vor beide:
Keinem erlaubt ich den Sieg gegen das heilige Recht.

Eine selbstverständliche Einschränkung müssen wir aber dem Satze hinzufügen, daß es auf die Verletzung a l l e r normalen Menschen ankommt. Gemeint ist nur, daß das Schamgefühl eines jeden Normalen verletzt sein müßte, wenn er das betreffende Werk mitsamt seiner Umgebung genau wahrgenommen oder durchgelesen haben würde. Also kommt es nicht an auf die tatsächliche Verletzung eines solchen, der von der Auslegung einer Photographie im Schaufenster nur gehört, der ein Buch nur durchgeblättert hat. Doch braucht die Genauigkeit nicht das Maß zu überschreiten, das mit der Normalität des Menschen vereinbar ist. Umstände, die nur ein anormaler Mensch erkennen kann, also z. B. Feinheiten eines Gemäldes, für die nur ein Künstler oder erfahrener Kunstkenner Verständnis hat, oder Beziehungen, die nur der findet, der danach sucht, kommen nicht in Betracht.

Woher weiß nun aber der Richter, ob das Schamgefühl eines normalen Menschen verletzt ist? Nun zunächst daher, daß er selbst ein normaler Mensch ist. Das ist aber nicht so zu verstehen, als ob der Richter einfach sein Gefühl walten lassen könnte und gar keine Erwägungen und Erörterungen darüber anzustellen brauchte, ob das Schamgefühl eines andern verletzt sei. Er steht ja nicht in der Lage der Umstände drin, in der die Tat geschehen ist, er erfährt davon nur aus den Akten oder durch Zeugen, er sieht das beanstandete Bild in der Stille des Arbeitszimmers oder in der Feierlichkeit der Gerichtsverhandlung, er liest die verdächtige Schrift oder hört sie verlesen, ohne dabei wahrzunehmen, wie sie ins Publikum gebracht wurde; sein eigenes Schamgefühl ist also ganz andern, meist schwächeren, gelegentlich auch stärkeren Angriffen ausgesetzt als das der Personen, die die Verbreitung, Ausstellung usw. miterlebt haben. Er muß sich also durch Gedankentätigkeit in die Lage solcher Leute hineinversetzen und sich fragen, ob sein Schamgefühl verletzt worden wäre, wenn er selbst an ihrer Stelle gestanden hätte. Liegen ihm z. B. billige, aber gut ausgeführte Ansichtskarten mit Abbildungen erotischer Szenen vor, die in einem Schaufenster der Hochstraße in Köln ausgelegen haben, so muß er sich vorstellen, welche Empfindungen ein normaler Mensch gehabt hätte, wenn er sie dort zugleich mit dem vorüberflutenden Menschenstrom gesehen hätte. Kommt die Sache etwa in Trier zur Verhandlung, und weiß der Richter nicht genügend, wie sich der Verkehr in Köln in der Hochstraße abspielt, so muß er darüber Zeugen, gegebenenfalls auch einen Sachverständigen vernehmen. War die Verbreitung auf einen bestimmten Personenkreis beschränkt, so muß sich zwar der Richter ebenfalls vorstellen, daß er selbst Zeuge gewesen wäre, aber doch nur ein unerwünschter Zeuge, d. h. er muß bedenken, daß sein Gefühl auch dadurch beeinflußt worden wäre, daß die Gegenstände eben grundsätzlich nur jenem Kreise zugänglich gemacht worden sind. Würde er sich vorstellen, daß das Werk auch ihm ohne weiteres zugänglich gewesen wäre, so würde er ein ganz falsches Bild bekommen.

Ferner aber sind die eigenen Empfindungen des Richters auch insofern nicht immer maßgebend, als er, wenn auch *ein* Normalmensch, doch nicht *der* Normalmensch ist[176]). Es gibt ja auch noch andere, deren Schamgefühl oft anders tätig wird, und das muß berücksichtigt werden. Denkt der Richter puritanisch und kunstfeindlich, so darf er darum nicht alle ins Sinnliche spielenden Gemälde nackter Schönheiten, wie Tizians Venus von Urbino, für unzüchtig erklären. Als gebildeter Mann muß er wissen, welche Empfindungen andere Gebildete, die normal und zugleich kunstverständig sind, vor solchen Gemälden haben; und wenn er sich gar keine Vorstellung davon machen kann, so mag er einen Kunstfreund darüber vernehmen, aber nur ja keinen Kunstfachmann, und überhaupt keinen, den er als Sachverständigen über den Wert des Bildes, die Echtheit und dgl. hören würde. Doch ein solches Maß von Unbildung wird bei einem Richter, wenigstens bei einem rechtsgelehrten kaum vorkommen; jedenfalls würde sich ein solcher Mann trotz aller bestandener Prüfungen ebensowenig zum Richter eignen wie einer, der nicht wüßte, was Stornieren bedeutet und was ein Kartell ist.

Nun können allerdings Künstler, Schriftsteller, Fachgelehrte usw. doch in unsern Fällen als Sachverständige gehört werden, aber nur über solche Umstände, die m i t t e l b a r für die Frage der Schamverletzung in Betracht kommen, wie über den kunst- oder wissenschaftlichen Wert[177]), woraus zunächst auf die Tendenz geschlossen werden kann, ferner, welchem Publikum das Werk zugänglich gemacht ist, ob es etwas Ungewöhnliches enthält, das darauf schließen ließe, daß es auf die Lüsternheit des Publikums abgesehen ist usw. Hält sich der Richter, wie wohl in den weitaus meisten Fällen, für einen normalen Menschen und fühlt er, indem er sich sorgfältig in die Umstände der Tat versenkt, sein Schamgefühl nicht verletzt, dann wird er freilich keinen solchen Sachverständigen brauchen; denn es steht ja dann schon fest, daß eben nicht jeder normale Mensch an dem Gegenstand Anstoß nimmt. Ist er aber zweifelhaft oder fühlt er sich verletzt, dann wird unter Umständen die Vernehmung von Sachverständigen in der angegebenen Beschränkung am Platze sein. Auf die Eigenschaften des Werkes, die nur Sachkennern bemerkbar sind, ist, wie schon berührt, die Vernehmung nicht zu erstrecken. Der Zweck der Gutachten soll ja immer nur sein, es dem Richter zu ermöglichen, daß er sich in die Empfindungen eines anderen n o r m a l e n Menschen hineinversetzt, der innerhalb des Normalen mehr Sachkunde, mehr Verständnis und Gefühl für wissenschaftliche und künstlerische Tendenz und dgl. hat als er selbst. Daraus ergibt sich, daß auch hier eine sparsamere Vernehmung von Sachverständigen angezeigt wäre als üblich ist.

Wie wenn aber der Richter selber ein Künstler, Schriftsteller oder hervorragender Kunstkenner, also kein normaler Mensch ist? Wenn ein Kammergerichtsrat E. T. A. Hoffmann auf dem Richterstuhl sitzt oder ein Sudermann den Schöffenstuhl ziert? Ausgeschlossen ist ein solcher vom Richterspruch nicht, und auch wegen Befangenheit kann er nicht abgelehnt werden. Aber besonders sachkundig für die Frage des Unzüchtigen ist er dadurch so wenig, daß er sich alle Mühe geben muß, geistig herabzusteigen und sich in die Seele des normalen Menschen zu versetzen, der nicht so starkes Interesse für das Künstlerische und Ästhetische hat wie ein Künstler. Was ein solcher Richter besser versteht als seine normalen Kollegen: wie ein wahrer Künstler arbeitet, wie er dabei einem innern Drange folgt und so schafft wie er muß, wie er das Nackte, das Erotische, das Geschlechtliche behandelt, weil das einmal in seiner Natur, weil es im Werke liegt, welche Schönheiten das Werk hat, die von dem Beanstandeten untrennbar sind — alles hat für die Feststellungen, die dem Richter obliegen, nur sehr untergeordnete Bedeutung.

Ich glaube so dargelegt zu haben, daß der Begriff des „normalen Menschen" doch nicht so unfaßbar ist, wie man ihm vorgeworfen hat. Vor allem ist er, weil es nicht auf einen, sondern auf alle normalen Menschen ankommt, umfassend genug, um dem Gefühl allzu empfindlicher Personen keinen Einfluß auf den Begriff des Unzüchtigen zu lassen. Die Edelsten und Fortgeschrittensten der Nation kommen dabei zu Wort, soweit sie nicht gerade durch ungewöhnliche ästhetische und sonstige Interessen in ihren Gefühlen anormal beeinflußt sind. In ihrer Hand ruht also der Schutz des Schamgefühls wie der Kunst, und dem Richter liegt es ob, ihre Gefühle zu berücksichtigen.

Kapitel 20.

Das Nackte.

Eine für das Kunstleben besonders wichtige Frage ist die, wieweit die bildende Kunst den nackten menschlichen Körper darstellen dürfe, ohne das Gebiet des Strafbaren zu berühren. Damit wollen wir uns jetzt im Zusammenhange beschäftigen; doch kann dieser Zusammenhang kein juristischer sein, weil in rechtlicher Beziehung das Nackte gegenüber sonstigen Schamverletzungen nichts Eigentümliches bietet. Im folgenden kann und soll daher nur gezeigt werden, wie die Grundsätze, die wir von der Mißoffenbarung des Geschlechtlichen im allgemeinen entwickelt haben, auf das Sondergebiet des Nackten anzuwenden sind. Und da wir schon öfter Beispiele aus diesem Gebiet haben nehmen müssen, so lassen sich gelegentliche Wiederholungen nicht vermeiden. Doch wird das große Interesse, das allgemein gerade die Frage des Nackten erregt, und seine Bedeutung für die Kunst, für die es geradezu eine Lebensfrage ist, es rechtfertigen, wenn wir ihm ein besonderes Kapitel widmen. Es kommt hinzu, daß gerade hier die Urteile der Gerichte am meisten angegriffen werden, von den einen als zu nachsichtig, von den andern als zu beengend für die Kunst.

Was uns hier beschäftigt, ist das Nackte an sich, d. h. ohne besondere erotische oder skatologische Beziehungen. Nicht hierher gehört also z. B. Correggios Io, auch keine priapischen Figuren. Die Frage ist, inwiefern schon das Nackte an sich Beziehungen zum Geschlechtlichen hat und dadurch schamverletzend wirkt. Auf dem Gebiet des Skatologischen gibt es derartiges nicht. Wo da schamverletzende Entblößungen vorkommen, stehen sie stets in ausgesprochener Beziehung zu einem Ausscheidungsvorgang. Die Darstellung eines entblößten Gesäßes oder Penis, wobei nicht zugleich der Ausscheidungsvorgang dargestellt oder angedeutet ist, wird unser Schamgefühl in Beziehung auf die Körperausscheidungen nicht verletzen, sondern, wenn überhaupt, dann in geschlechtlicher Beziehung.

Wir gehen aus vom natürlichen nackten Körper des Menschen. Von diesem hat das Reichsgericht gelegentlich gesagt, er sei an sich nichts Unzüchtiges[178]). Das ist eine jener Selbstverständlichkeiten, die man gar nicht aussprechen sollte, weil jeder sonst denken muß, es stecke noch ein besonderer Sinn dahinter. Aber wie der menschliche nackte Leib etwas anderes ist als seine Enthüllung vor den Augen anderer, so ist er auch etwas anderes als seine Schilderung und Darstellung. Jedes Werk, das den nackten Körper schildert oder darstellt, bedeutet eine Enthüllung, denn es zeigt etwas, das für gewöhnlich verborgen bleibt[179]). Es wirkt zwar, wie schon bemerkt, für gewöhnlich schwächer als eine wirkliche Entblößung, wie ja alle Kunst — von Ausnahmen abgesehen — schwächer wirkt als die Natur, aber es wirkt in derselben Art.

Nun hat aber das Nackte unter unsern Kulturzuständen, wenn es vor andern auftritt, nahe Beziehungen zum Geschlechtlichen. Ursprünglich können solche Beziehungen nur bei den unverhüllten Geschlechtsteilen selbst bestanden haben. Doch waren sie selbst dort so entfernt, daß ihr Anblick das geschlechtliche Schamgefühl, das als solches schon bestand, nicht verletzte. Dies können wir daraus schließen, daß es noch heute Naturvölker gibt, die völlig nackt gehen und dabei doch ein reges geschlechtliches Schamgefühl haben[180]). Wie die Beziehungen des Nackten zum Geschlechtlichen im Laufe der Kulturentwicklung entstanden und immer enger geworden sind, ist ungewiß. Die Kleidung mag in ihren Anfängen nur den Zwecken des Schmuckes und des Schutzes gedient haben; sehr früh aber diente sie auch dazu, Teile des Körpers den Blicken anderer Menschen, besonders des anderen Geschlechts zu entziehen[181]). Am frühesten zu diesem Zweck wurden wohl die Geschlechtsteile verhüllt; diese unbedeckt zu tragen, ist nur bei sehr wenigen wilden Völkern üblich. Auch bei den Zeugungsorganen mag allerdings die Verhüllung ursprünglich zum Schmuck gedient haben oder zum Schutz gegen vermeintliche Gefahren, oder gar, wie manche meinen, dazu, die Aufmerksamkeit auf die bedeckten Teile zu lenken, oder umgekehrt, um die Erinnerung an den verborgen zu haltenden Geschlechtsakt zu hindern, — kaum aber wird es ursprünglich der Zweck dieser Verhüllung gewesen sein, einem Reiz auf das andere Geschlecht vorzubeugen, denn dieser kann bei der allgemeinen Gewöhnung an das Nackte nicht groß gewesen sein[182]). Nachdem aber einmal aus irgendwelchen Gründen die Verhüllung der Geschlechtsteile üblich geworden war, wurde sie von der Sitte gefordert, denn nun konnte allerdings der Anblick des gewöhnlich Verborgenen anreizend wirken. Um so strenger wurde die Verhüllung durchgeführt. So konnten sich im Geiste des Menschen nahe Beziehungen zwischen der vollständigen Nacktheit und dem Geschlechtsleben herausbilden und das Schamgefühl sich auf das Gebiet des Nackten erstrecken. Ich meine hier nicht nur, daß der Mensch sich schämt, nackt zu sein — etwa wie man sich schämt, keine Handschuhe zu tragen — sondern daß durch den Anblick des Nackten das Schamgefühl anderer verletzt wird. So scheut sich Odysseus, das Schamgefühl der Nausikaa durch seine Nacktheit zu verletzen. Daß später die Griechen bei ihren gymnastischen Übungen und Spielen völlig nackt waren, war kein Überbleibsel aus einer früheren naiveren Zeit, sondern eine spätere, in gewissem Sinne rückläufige Kulturerrungenschaft, die allerdings an alte Sitten angeknüpft haben mag[183]).

Doch die Entwicklung ging weiter. Bei allen Kultur- und vielen Naturvölkern wurde auch der übrige Körper mehr und mehr verhüllt. Auch hier war das Schutz- und Schmuckbedürfnis bedeutsam, aber sicher trat auch schon bald das bewußte Bestreben hinzu, durch die Verhüllung den Anreiz auf das andere Geschlecht zu vermeiden. Das lag besonders im Interesse der Ehemänner und Herren, deren Eifersucht die Verhüllung ihrer Frauen stark gefördert haben mag. Nur so erklärt es sich, daß bei einigen alten Kulturvölkern wie bei den alten Ägyptern, bei denen die Männer wenig Kleidung trugen, die Frauen ihren Körper viel mehr verhüllten[184]). Aus demselben Grunde, wenigstens unter anderem, beruht auch die Verschleierung des Gesichts der mohammedanischen Frauen. Auch erklärt eine altjüdische Lehre, auf die Paulus im ersten Korintherbrief (11, 20) anspielt, das Gebot, wonach die Frauen sich in der Synagoge zu verhüllen haben, aus der Besorgnis, die Engel möchten sonst auf unlautere Gedanken kommen. Manchen von uns Nordländern, die wir die Kleidung, ganz abgesehen vom Zwecke der Verhüllung, schon unbedingt zum Schutze unseres Körpers brauchen, mag es befremdlich scheinen, sie zu jenem Zwecke einzuführen; und daher wenden sich viele energisch gegen die Bestrebungen der Missionare, die nackten Naturvölker an Kleidung zu gewöhnen. Es liegt nahe zu denken: da einmal durch die Gewöhnung an die notwendige Kleidung unser Schamgefühl gegenüber dem Nackten empfindlich geworden sei, so bleibe freilich nichts übrig, als es gegen-

lichen Verletzung des sittlichen Anstandes in geschlechtlicher Beziehung. Was dabei das Beiwort „sittlich“ bedeuten soll, ist nicht ganz klar. Soll es bedeuten, daß Sittlichkeit und Anstand zugleich verletzt sein müssen? Dann läuft es wohl doch im allgemeinen darauf hinaus, daß das Schamgefühl verletzt wird. Doch gibt es Fälle des Unzüchtigen, wo wegen mangelnder Verantwortung weder das Sittlichkeits- noch das Anstandsgefühl verletzt wird; vgl. oben Kap. 3 S. 23 und unter Kap. 6 S. 43. Ferner aber ist „sittlicher Anstand“ kein richtiger Ausdruck für „Anstand und Sittlichkeit“. Es klingt so, als ob es einen durch die Sittlichkeit gebotenen Anstand als Unterart des Anstandes gäbe, was nicht der Fall ist. Das Zusammentreffen, daß etwas zugleich den Anstand und die Sittlichkeit verletzt, ist rein zufällig.

[31]) Vgl. RG. 27, 116; 32, 419; 33, 18, wo vom Gefühl für Scham, Sitte und Anstand die Rede ist. Ob sich freilich hier das Reichsgericht über das Verhältnis dieser drei Gefühle zueinander klar war, ist zweifelhaft.

[32]) Ellis a. a. O. 12 f., 85 f.

[33]) Vgl. Stendhal, De l’amour, chap. 26; Bernard Pérez, L’enfant de 3 à 7 ans, 4 éd. 1897, 234 f.; Moll, Das Sexualleben des Kindes, 228 f.

[34]) Hierüber finden sich treffende Bemerkungen im „Tagebuch einer Verlorenen“ von Margarete Böhme, S. 284. Die schwere Zugänglichkeit des Schamgefühls gegen bloße Vernunfteinflüsse beachten die Psychologen meist nicht. Sie begnügen sich damit anzuführen, daß es sich nicht durch äußere Gebote beeinflussen lasse, was damit nicht zusammenfällt. So Lipps, Die ethischen Grundfragen (2) 190.

[35]) Vgl. Guyau, L’irréligion de l’Avenir, 254 f.; Fabreguettes, Traité des délits politiques, 2 éd., II, 332 f.; Moll a. a. O. 227 f., 232 f.

[36]) Vgl. Westermarck, Die Geschichte der menschlichen Ehe, Kap. 3—6.

[37]) Auch wenn man sich Ehe und Familie beseitigt denkt, wäre völlige Freiheit in der Betätigung des Geschlechtstriebes undurchführbar. Gerade dann wird die Staatsgewalt um so energischer in das Geschlechtsleben eingreifen müssen, um Nachwuchs von der Art und in der Anzahl zu erhalten, wie es die Zukunft des Staates erfordert.

[38]) Dabei darf man sich doch nicht etwa die Griechen und die Römer der Verfallzeit als ein Volk vorstellen, das in geschlechtlicher Beziehung alles für erlaubt hielt, was der sinnlich-animalischen Natur des Menschen entspricht. Gewiß war die alte Ehrbarkeit der Sitten gelockert, gewiß waren von vornherein die Ansichten über das geschlechtlich Erlaubte freier gewesen als bei uns — aber von da bis zu einer allgemeinen Verehrung der Aphrodite Pandemos und der allgemeinen Vergötterung der Hetäre ist doch noch ein weiter Schritt. Phantasien, wie sie Pierre Louys in der Vorrede zu seiner „Aphrodite“ gibt, zeigen zwar, was dem Verfasser als Ideal vorschwebt, nicht aber, wie es im Altertum wirklich war. Wer keinen geschichtlichen Sinn hat, findet dort eben, was er sucht, der eine ein Heldenzeitalter, der andere ein Lupanar. Vor allem hat der Grieche niemals die Verehrung des Weibes gekannt wie der Franzose — daran hinderte ihn schon die allgemeine Verbreitung der Knabenliebe. So waren

schlechtlichen erlangt haben. Hiergegen spricht nicht, daß Kinder, die vom Geschlechtlichen noch nichts wissen, doch durch Entblößung anderer in ihrem Schamgefühl verletzt werden können, denn in ihnen wird durch Erziehung das geschlechtliche Schamgefühl auch sonst früher geweckt, als sie sich seiner wahren Bedeutung bewußt werden.

Schamverletzend wirkt so bei beiden Geschlechtern gewöhnlich die Nacktheit der Zeugungsorgane, sowie völlige Nacktheit auch da, wo diese selbst nicht zu sehen sind, ferner der benachbarten Teile, wie der Oberschenkel, des Unterleibes, des Gesäßes, bei Frauen auch der Brust mit Ausnahme des obersten Teiles, weil diesen die Sitte bei festlicher Kleidung zu zeigen erlaubt. Das sind zum Teil solche Teile, die bei beiden Geschlechtern verschieden ausgebildet sind. Es wäre aber verfehlt, anzunehmen, wie es das Reichsgericht tut [188]), daß solche Körperformen, in denen sich die Geschlechter besonders unterscheiden, durchweg hervorragend geeignet seien, die Aufmerksamkeit auf sich zu ziehen, die Sinne zu reizen und so in ihrer Entblößung schamverletzend zu wirken. Das Scham- und das Achselhaar ist kein geschlechtliches Unterscheidungszeichen und wirkt doch besonders anreizend und schamverletzend — die Bildung der Füße unterscheidet sich bei beiden Geschlechtern ganz erheblich und wirkt keineswegs so. Die nähere und weitere Beziehung zum Geschlechtlichen erklärt beides ohne weiteres. Dies ist auch der Grund, weshalb die Darstellung nackter Kinder so selten schamverletzend wirkt.

Da nun, wie bemerkt, die Wiedergabe des Nackten in Bild und Schrift auch eine Enthüllung des Nackten ist, so wirkt sie auch in derselben Weise, nur gewöhnlich in geringerem Grade schamverletzend wie die Enthüllung in Wirklichkeit, soweit nicht besondere, entgegengesetzt wirkende Umstände dies verhindern. Es ergibt sich so ein richtiger Satz, der allerdings recht muckerhaft klingt: Die Darstellung des Nackten verletzt im allgemeinen das Schamgefühl [189]), wohlverstanden die Darstellung im allgemeinen, nicht die künstlerische im besonderen, wie wir gleich sehen werden. Der entgegengesetzten Ansicht des Reichsgerichts [190]), wonach die Darstellung des Nackten nur dann schamverletzend wirkt, wenn besondere Umstände hinzukommen, kann ich nicht beitreten.

Aber unser so befremdlich klingender Grundsatz tut der Kunst wenig zuleide. Denn gerade auf ihrem Gebiet, mit dem wir es ja allein zu tun haben, sind die Ausnahmen so überaus häufig, daß die Fälle, wo das Nackte im Kunstwerk schamverletzend wirkt und daher als unzüchtig anzusehen ist, viel, viel seltener sind als die entgegengesetzten. Im Bereiche der bildenden Künste, die hier von weit überwiegender Wichtigkeit sind, dreht sich nun der Satz geradezu, um infolge zweier schon ausführlich behandelter Momente: der Abstumpfung unseres Schamgefühls gegenüber nackten Kunstwerken, die sich innerhalb des Gewohnten halten, und infolge des Einflusses der künstlerischen Tendenz auf unser Empfinden. Beide Umstände fallen hier fast stets zusammen; denn die künstlerische Tendenz wird bei fast jedem Kunstwerk erkennbar sein, und andererseits ist ihre Wirkung über das Gewohnte hinaus für sich allein nur gering. Ferner halten sich bei weitem die meisten nackten Kunstwerke so innerhalb des Gewohnten, daß das Schamgefühl des normalen Menschen durch sie für gewöhnlich nicht erregt wird.

Wie erwähnt, braucht das Kunstwerk einen besonderen ästhetischen oder gar erhebenden Eindruck auf uns nicht zu machen [191]).

Das kann erst erforderlich werden, wenn es vom Gewohnten abweicht. Dann muß in irgendeiner Weise die Wirkung, die das ungewohnte Nackte auf das Schamgefühl des Beschauers ausübt, ausgeglichen werden, sei es durch Fesselung des ästhetischen Interesses, durch Abschwächung der Beziehung zum Geschlechtlichen, Stilisierung, durch weihevolle Stimmung, sei es durch sonst eine der Ursachen, die wir in dieser Hinsicht kennen gelernt haben. Und eine Ausgleichung ist um so notwendiger, je mehr die Beziehungen zum Geschlechtlichen hervorgehoben sind.

Machen wir uns das an einigen Beispielen klar. Die Durchschnittsantiken unserer nordischen Museen — meist antike handwerksmäßige Kopien mäßiger Originale — lassen uns recht kalt, soweit wir sie nicht zu wissenschaftlichen Zwecken studieren, so daß stärkere ästhetische Empfindungen nicht vorhanden sind, die das Schamgefühl zurückdrängen könnten. Trotzdem regt es sich nicht, auch wenn die Statuen ganz nackt sind. Ähnlich ist es bei zahlreichen nackten Bronze- und Marmorfiguren unserer Kunstausstellungen, wenn dort auch meist die weihevolle Stimmung der Museen fehlt. Ist aber die Darstellung des völlig nackten Körpers besonders realistisch, so muß dies durch einen starken ästhetischen Eindruck ausgeglichen werden. Dieser vermag aber nicht alles. Es ist nicht richtig, wenn man, wie Lipps[192]), vom Beschauer eines zu ästhetischen Zwecken geschaffenen Werkes verlangt, daß er es nur auf sein ästhetisches Empfinden wirken lasse. Das ist auch bei Kunstwerken, die gar nichts mit dem Unzüchtigen zu tun haben, oft nur demjenigen möglich, der anormal ästhetisch veranlagt oder interessiert ist, nicht dem normalen Menschen. Es ist nicht das Natürliche. Der normale Beschauer wird nur von wenigen Kunstwerken so ergriffen, daß er bei ihrem Anblick nur das Ästhetische fühlt und für nichts anderes Sinn hat. Er wird sich bei älteren Bildern für die Tracht mit interessieren, bei Schlachtenbildern für die militärische Lage, bei Tierbildern für die aus der Schilderung erkennbare Lebensweise der Tiere, kurz, es werden sich zugleich Interessen geltend machen, die man Bilderbuchinteressen nennen könnte. So wird er sich auch der Beziehungen des ungewohnten Nackten zum Geschlechtlichen nicht entziehen können, wenn das Werk sein ästhetisches Empfinden zwar anregt, diese Anregung aber nicht genügt, um jene andere Empfindung auszulöschen, sei es wegen Schwäche der ersten oder wegen besonderer Stärke der zweiten. Da wir — um ein schon angeführtes Beispiel wieder zu verwenden — gewohnt sind, die nackten weiblichen Statuen durch Weglassung des Schamhaares idealisiert zu sehen, so würde eine Abweichung hiervon nach einer Ausgleichung durch einen besonders starken künstlerischen Eindruck verlangen; irgendeine ästhetische Wirkung auf den Beschauer genügt hierzu nicht, auch wenn die Darstellung noch so „keusch" wäre.

Weiter geht die Beschränkung des Nackten auf öffentlichen Straßen und Plätzen. Hier erregt es doch vielfach Anstoß, wenn nackte Statuen die Geschlechtsteile in der Weise vieler Antiken sehen lassen, weil man hier daran weniger gewöhnt ist. Man wird daher hier wohl annehmen müssen, daß solche öffentliche Aufstellung nur zulässig ist, wenn ein Ausgleich geboten wird durch bedeutende ästhetische Wirkung oder Idealisierung wie bei den Figuren der Berliner Schloßbrücke oder eine gewisse Abschwächung eintritt durch die Art der Aufstellung wie beim Herkulesbrunnen in Berlin, oder durch Stilisierung wie bei vielen Reliefs an modernen Bauten. Schon eine geringe Verstärkung des Eindrucks des Nackten, eine mäßige Hinlenkung des Blickes auf Körperteile, die in naher Beziehung zum Geschlechtlichen stehen, eine etwas realistischere Darstellung als die übliche kann hier den Ausschlag dahin geben, daß das Schamgefühl verletzt wird. In solchem Sinne kann z. B. eine unruhige, natürliche Bewegung der Figuren wirken oder eine Stellung, die ihre Freude an ihrem nackten Leibe oder auch nur körperliches Wohlbehagen zum Ausdruck bringt. Als in Rom im Jahre 1901 der Brunnen auf dem Thermenplatze mit seinen lebhaften nackten weiblichen Statuen aufgestellt wurde, hat er deshalb starke Anfechtung gefunden trotz seiner unzweifelhaften künstlerischen Bedeutung. Mag man hier auch dem Volke von Rom recht geben, das durch gewaltsame Beseitigung des Bauzaunes zeigte, daß es die Schönheit des Kunstwerkes besser verstand als sein Senat, so kann doch infolge der genannten Umstände ein Bildwerk im Getriebe der öffentlichen Straßen und Plätze unzüchtig erscheinen, das in der Stille der Museen und Ausstellungen unbedenklich ist.

In Schaufenstern würde man größere Statuen ebenso beurteilen wie an öffentlichen Plätzen. Kleinere Nachbildungen davon, auch Originalstatuetten von der Größe, wie sie in Läden verkauft zu werden pflegen, wirken an sich schon mehr unrealistisch und werden daher in weiterem Umfange, etwa wie in Kunstausstellungen, zulässig sein.

Die Malerei wirkt im allgemeinen lebhafter und sinnlicher als die plastische Kunst. Daher ist sie vorsichtiger in der Darstellung des Nackten. Es handelt sich hier, soweit Originalgemälde in Frage kommen, fast nur um Bilder in Museen und Ausstellungen, seltener in Schaufenstern. Fresken außen an Gebäuden sind selten; sie wirken übrigens schon durch ihre wenig natürliche Farbe meist diskret und verletzen tatsächlich kaum jemals das Schamgefühl. In Museen und Ausstellungen sind malerische Darstellungen völlig nackter Männer gewiß zulässig. Nicht jedoch sind wir an solche Wiedergabe der Zeugungsorgane, wie sie bei Statuen üblich sind, gewöhnt. Diese ist daher, auch wenn die künstlerische Tendenz einleuchtet, nur zulässig, wo ein starkes ästhetisches oder dergleichen Interesse erweckt wird, oder wenn sie nur angedeutet sind. Sie ist auch in der neueren Kunst selten; wenn der Maler solche Teile bei seinen Studien genau wiedergibt, findet man sie auf dem vollendeten Bilde verdeckt oder undeutlich. In der antiken Malkunst mag nach den erhaltenen Resten ihre Wiedergabe häufiger gewesen sein, wenn auch wohl nicht so allgemein wie in der Plastik. Jedenfalls würden wir solche Bilder auf Gebrauchsgegenständen nach Art der antiken Vasenmalerei nicht ertragen. Die Darstellung nackter weiblicher Gestalten in der Malerei ist kaum beschränkter als in der Plastik. Im Gegenteil finden sich hier in der modernen Malerei öfter mehr oder weniger ausgeführte Andeutungen des Schamhaares, was bei Statuen kaum vorkommt, wohl deshalb, weil es dort leichter ist, derartiges nur anzudeuten als hier. Indessen ist das auch dort heute noch etwas Ungewöhnliches.

Das Zurschaustellen von Gemälden in Schaufenstern wird wiederum in etwas geringerem Umfange zuzulassen sein als im Innern von Ausstellungen. Kühne Neuerungen, wie die eben erwähnte, gehören nicht dorthin vor die Augen von aller Welt.

Die sogenannte Griffelkunst mag an Freiheit ungefähr der Plastik gleichstehen, ja sie kann noch weiter gehen als diese. Denn sie wirkt weniger natürlich, da ihr gegenüber der Malerei die natürlichen Farben, gegenüber der Plastik die natürlichen Formen fehlen. Gerade deshalb kann ihr vom Gesichtspunkt des Schamgefühls größerer Realismus, größere Hervorhebung der Beziehung zum Geschlechtlichen usw. gestattet werden. Hier spielt die Auslage zum Verkauf eine größere Rolle als die Ausstellung in Museen usw., auch werden hier Handlungen wichtig, die bei Gemälden und Statuen weniger zu bedeuten haben, wie Feilhalten, Verkaufen und die im Gesetz aufgezählten Vorbereitungen dazu. Für die Frage der Schamverletzung, insbesondere für die Frage der Gewöhnung, kann es von Wichtigkeit werden, um *welche* dieser Vorgänge es sich handelt. Dieselbe nackte Darstellung kann unzüchtig sein oder nicht, je nach der Handlung, die damit vorgenommen wird.

Es kommen da nicht nur Originalwerke vor, auch Stiche u. dgl. nach Gemälden spielen eine große Rolle. Es wird kein Bedenken dagegen bestehen, daß solche Nachbildungen, deren Originale in Museen und Ausstellungen unanstößig sind, geschäftlich öffentlich ausgelegt werden, vorausgesetzt, daß es sich um gute Wiedergaben handelt. Wo freilich auch im Museum das Ungewohnte nur durch besondere ausgleichende Umstände unanstößig wird, wie durch hervorragenden ästhetischen Eindruck, da muß auch die Nachbildung dieselben

Empfinden erwecken, um zulässig zu sein. In noch weiterem Umfang wird die Auslegung im Innern des Ladens, ferner der Verkauf und das Feilhalten ohne Auslegen gestattet sein.

Photographien und ähnliche mechanische Nachbildungen von Kunstwerken werden, wenn sie überhaupt die künstlerische Bedeutung des Originals erkennen lassen, nicht anders zu beurteilen sein als die künstlerischen Nachbildungen von Kunstwerken; denn wenn sie selbst auch nicht künstlerisch hergestellt sind, so strahlen sie doch soviel vom Lichte der Kunst, das auf sie fällt, zurück, um in uns ähnliche Empfindungen zu erwecken wie ein Kunstwerk. Daher sind wir im allgemeinen gewöhnt, das, was wir in den Museen sehen, auch in photographischen Nachbildungen vorzufinden und uns zum dauernden Genusse zu erwerben.

Anders zu beurteilen sind die Photographien nach der Natur, also nach unbekleideten Menschen. Das sind gewöhnlich keine Kunstwerke, wenn sie es auch in Ausnahmefällen sein können infolge ihrer Anordnung, Ausführung und Überarbeitung. Auch kann die Stellung der abgebildeten Person selbst die Bedeutung eines Kunstwerkes haben, wie z. B. bei den Tänzen und Stellungen, die eine nackte Schönheit einem hierfür mehr empfänglichen als reifen Publikum in Berlin vorgeführt hat. In solchen Ausnahmefällen mag auch die Photographie nach der Natur wie ein Werk der Griffelkunst zu behandeln sein. In den Regelfällen aber fehlt es bei Photographien gänzlich nackter Menschen sowohl an der Gewöhnung, die unser Schamgefühl abstumpft, wie an der künstlerischen Tendenz, wie endlich an einem Kunstinteresse. Auch macht sich der größere Realismus geltend, der der Photographie naturgemäß innewohnt. Ferner erweckt die Photographie nach der Natur leicht das Gefühl, daß sich eine individuelle Person wenigstens mittelbar der Öffentlichkeit nackt zeigt, was bei der eigentlichen bildenden Kunst, auch wenn sie sich eng an das Modell hält, kaum vorkommen wird [193]). Das rein ästhetische Interesse, das fast jeder an einem schönen Körper hat, sei es des anderen Geschlechtes, sei es, wenn auch in geringerem Grade, des eigenen, das vermag im allgemeinen eine Verletzung des Schamgefühls nicht sehr zu beschränken, wenn es auch ohne solches natürlich-ästhetisches Interesse noch stärker berührt wird.

Deshalb sind hier die Anforderungen weit strenger als bei Kunstwerken und deren Nachbildungen. Darum ist aber nicht gerade jede photographische Darstellung des Nackten, dessen Zurschaustellung in Wirklichkeit das Schamgefühl verletzen würde, ungewohnt und unzulässig. Häufig sind z. B. Photographien von Männern, die nur mit Badehosen oder einer ähnlichen Hülle bekleidet sind. Bei Frauen wird man alle photographischen Abbildungen, die mehr unverhüllt zeigen, als etwa ein Badeanzug sehen läßt, für ungewöhnlich erachten. Photographien nackter Kinder werden dagegen kaum unzüchtig sein, wenn sie nicht das Geschlechtliche besonders hervorheben. Wenn man voraussetzt, daß nicht etwa besondere Interessen den Charakter des Unzüchtigen beseitigen, wird man dem Reichsgericht [193]) darin zustimmen, daß die Naturphotographien nackter Menschen, die die Geschlechtsteile sehen lassen, und von Frauen, bei denen die ganzen Brüste sichtbar sind, eine Mißoffenbarung bedeuten und daher unzüchtig sind, auch wenn das Geschlechtliche nicht durch die Stellung u. dgl. besonders hervorgehoben ist.

Zu den erwähnten besonderen Interessen gehören auch die wissenschaftlichen, z. B. bei Photographien nackter Menschen zu ethnographischen Zwecken, besonders wenn solche Bilder wissenschaftlichen Büchern beigegeben sind. Dasselbe gilt von photographischen Abbildungen in solchen Büchern, die in wissenschaftlicher Weise das Verständnis für die Schönheit wecken wollen, wo das Interesse also auf der Grenze zwischen wissenschaftlichem und ästhetischem steht. Ein Beispiel ist das schon mehrfach angeführte Buch von Stratz „Die Schönheit des weiblichen Körpers", ein Buch, das jeder Richter gelesen haben sollte, ehe er eine nackte Darstellung für unzüchtig erklärt.

Endlich gehören hierher technische Zwecke und Interessen, wie sie bei den sogenannten Aktphotographien vorliegen. Wenn von diesen gesagt wird, sie hätten künstlerischen Wert, so bedeutet das etwas anderes als bei Kunstwerken. Gemeint ist, sie hätten einen technischen Wert für Künstler, etwa wie Gliederfiguren, Trachtenbilder u. dgl. Natürlich schadet es nicht, wenn sie daneben noch Kunstwert haben. Solche Aktphotographien völlig nackter Menschen sind unentbehrlich, da dem Künstler nicht immer in jeder Hinsicht geeignete

Modelle zur Verfügung stehen, und er durch diese die Natur des Menschen auch nicht vollständig genug kennen lernt. Er gebraucht solche Bilder in allen möglichen Stellungen, ganz gleich, ob dadurch die geschlechtlichen Beziehungen mehr oder weniger hervortreten. Auch darf dabei durch Retusche u. dgl. nicht von der Wirklichkeit abgewichen werden; denn was der Künstler im Aktbild vor sich sehen muß, ist möglichste Natur — diese für eine Kunstschöpfung zu verwerten und zu verändern, ist *seine* Sache. So sagen uns die Künstler, und wir Laien haben ihnen da nicht dreinzureden. Und wenn es selbst wahr wäre, daß die Aktbilder für die Kunst nicht förderlich sind, so genügt es, daß die Künstler sie für unentbehrlich halten, damit sie für unser Urteil unentbehrlich sind [194]). Also sind solche Photographien, die den Charakter von Aktbildern an sich tragen, infolge ihrer technischen Tendenz und ihres technischen Interesses nicht schamverletzend. Aktbilder sind sie aber nur so lange, wie sie als solche behandelt werden. Ausstellen im Schaufenster nimmt ihnen solchen Charakter, denn Künstler pflegen nicht ihre Aktbilder nach Schaufensterauslagen zu wählen, oder auch nur die Geschäfte, wo sie sie kaufen.

Überhaupt hängt auch bei den Photographien nach der Natur viel von den Handlungen ab, die damit vorgenommen werden. Zum Ausstellen in Museen, Ausstellungen, Schaufenstern eignen sie sich kaum, zum Auslegen im Innern des Ladens wohl nur, wenn sie besonders künstlerisch ausgeführt sind und dort alles andere, was an Pikanterie streift, ferngehalten wird, z. B. eventuell in Künstlerbedarfsgeschäften, Kunsthandlungen, nicht in Buchbindereien, Buchhandlungen, wo zugleich Bilder von Tänzerinnen in verführerischer Stellung, Ansichtskarten mit weiblichen Schönheiten u. dgl. ausliegen. Der Verkauf selbst wird wieder in weiterem Umfange zulässig sein, wenn er nur an Erwachsene geschieht, und wenn dabei weder der Charakter des Geschäfts noch die Art des Verkaufes erkennen läßt, daß dabei auf die Lüsternheit des Kunden gerechnet wird, also z. B. nicht in Geschäften, die sich vorwiegend mit dem Vertriebe pikanter Bilder und Lektüre oder gar mit dem von Gummiartikeln befassen. *Relativ* unzüchtig in dem von uns entwickelten Sinne werden solche nackten Photographien immer sein.

Indem wir so Beispiele für das Gewohnte und Ungewohnte gegeben haben, sind wir schon zugleich auf die Umstände eingegangen, die auch das Ungewohnte unbedenklich machen können, vor allem auf die anderweiten Interessen, die dadurch gefesselt werden. Ein solches Interesse muß geweckt sein, wo Gewohnheit und Tendenz nicht ausreichen, um das Gefühl der Schamverletzung zu beseitigen. Wo auch dieses nicht genügt, kann die Stimmung ausgleichend wirken, wodurch sich uns der Unterschied zwischen Museen und Ausstellungen erklärt hat.

Handelt es sich um Nachbildungen von Kunstwerken, besonders durch Photographien, so kann die Wiedergabe oft, auch abgesehen von der Umgebung, ganz anders wirken als das Original. Es kann der künstlerische Eindruck verloren gehen, es kann das, was an das Geschlechtliche erinnert, mehr hervortreten, es kann der Gesichtsausdruck verändert sein. So kann es nicht wundernehmen, wenn Abbildungen klassisch-schöner und reiner Darstellungen des nackten menschlichen Leibes unzüchtig befunden werden. Damit wird den Kunstwerken selbst in keiner Weise zu nahe getreten.

Ich will im übrigen nicht wiederholen, was ich gesagt habe über die Zusammenstellung von Bildern zu einem Ganzen, von der Wirkung von Aufschriften, vom Text des Buches, dem Bilder als Illustrationen dienen usw.; alles das gilt auch vom Nackten. Ebenso ist es mit der Art der Verbreitung, der größeren oder geringeren Öffentlichkeit, die oft mit dem zusammenfällt, was wir mehr oder weniger gewöhnt sind, und besonders mit der Bedeutung der Kreise des Publikums, denen die nackten Darstellungen zugänglich gemacht werden.

Da unter den Ungebildeten das Verständnis für die Schönheit des Nackten leider noch wenig verbreitet ist, so wirkt auf sie eine künstlerische Darstellung des nackten Menschen nicht viel anders als eine alltägliche Zeichnung aus irgendeiner illustrierten Zeitschrift. Und das wirkt, wie dargelegt, unwillkürlich auf das Schamgefühl der Gebildeten zurück. Wenn auch der Umstand, daß sich nackte Darstellungen vorwiegend oder doch mit in erheblichem Maße an die Ungebildeten wenden, nicht allein entscheidend ist, so können sie dadurch doch leicht unzüchtig werden trotz ihres künstlerischen Gehaltes, z. B. wenn nicht Klassizität dazukommt oder besondere unnahbare Hoheit und Kälte usw. Das wird sicher allmählich besser werden, und in demselben Maße, wie das Kunstverständnis der großen Massen sich entwickelt, wird ihnen auch die Darstellung des Nackten nach und nach in immer weiterem Umfange zugänglich gemacht werden können. Hiermit aber den Anfang für die Volkskunst zu machen, hieße das Pferd beim Schwanze aufzäumen. Schreiten wir aber auf dem richtigen Wege fort, so kann es wohl sein, daß die Entscheidungen des Reichsgerichts über die nackten Gestalten auf Ansichtspostkarten in dreißig Jahren veraltet sind. Für jetzt sind sie leider sehr zutreffend. Daß Kinder dem Nackten, soweit es nicht erotischer Natur ist, nicht grundsätzlich fernzuhalten sind, ist schon erwähnt. Es ist wünschenswert, daß sie von vornherein gefühlsmäßig zu unterscheiden lernen zwischen dem edlen Nackten und der schamlosen Entblößung.

Bisher habe ich nur von Kunstwerken gesprochen, die mit dem Geschlechtlichen nichts zu tun hatten, als eben durch das Nackte selber. Es gibt aber Darstellungen des Nackten, bei denen die Beziehungen zum Geschlechtlichen besonders ausgeprägt sind, und die doch unbezweifelt Kunstwerke bleiben. Ich meine hier nicht wirkliche erotische Szenen, sondern solche, die bezwecken, die Aufmerksamkeit auf Geschlechtlich-Sinnliches zu lenken. Da sind Frauengestalten, die ihre nackten Reize zeigen[194a]) wie die Aphrodite Kalipygos, oder die sie doch betonen, wie die mediceische Venus, andere, die in Gesicht und Haltung ein sinnliches Verlangen ausdrücken oder doch deutlich erotischen Gedanken nachhängen, wie Tizians Venus von Urbino, die himmelweit verschieden ist von der nackten Gestalt auf dem Bilde desselben Meisters „Himmlische und irdische Liebe". Ähnlich wirkt eine große Realistik in der Ausführung schöner, verführerischer Formen, und in etwas gehört hierher schon ein starker sinnlicher Ausdruck wie bei manchen antiken Antinoos- und Hermaphroditstatuen. Diese Verbindung des Nackten und des Sinnlichen ist ein wesentliches Element der Kunst; und wer wollte verwerfen, was die größten Künstler aller Zeiten so oft erstrebt und worin sie mit das Höchste geleistet haben? Aber es ist ein gefährliches Gebiet und nur für große Künstler zugänglich. Wo das Sinnliche hervortritt, da muß es durch eine besonders starke künstlerische Wirkung ausgeglichen werden. Und überall, wo diese nicht recht zur Geltung kommt, sei es durch

Unvollkommenheit von Nachbildungen, sei es durch die Umgebung, da tritt viel leichter als sonst beim Nackten das Gefühl der Schamverletzung ein, und damit ist die Grenze des Strafbaren überschritten. Insofern ist es richtig, wenn das Reichsgericht — etwas umständlich — sagt [195]), daß Werke, die nach den aus ihnen erkennbaren und mit ihnen gegenständlich verknüpften äußeren Umständen nicht ausschließlich solchen Zwecken dienen, durch deren Vorhandensein die sinnliche Empfindung beim Anblick des geschlechtlich Nackten zurückgedrängt wird, unzüchtig seien. Denn wo das Mitklingen sinnlicher Empfindungen bei einem Kunstwerk erstrebt wird, z. B. bei Tizians und bei Giorgiones Venus, da soll es nur dem ästhetischen Gesamteindruck dienen. Der Zweck bleibt also ausschließlich ein künstlerischer. Ist dagegen durch die nackte Darstellung erkennbar die Erregung der Sinnlichkeit als solche beabsichtigt, so wird weder die daneben bestehende künstlerische Tendenz noch das künstlerische Interesse des normalen Beschauers das Gefühl der Schamverletzung verhindern können, vielmehr gehört dann das Werk zu den absolut unzüchtigen, und kann diesen Charakter nur unter besonderen Umständen, z. B. durch Aufnahme in ein wissenschaftliches Werk, verlieren.

Alles dies gilt in noch höherem Grade von der Darstellung nackter Menschen in wirklich erotischen Szenen, wie Raphaels Triumph der Galathea — ich meine die Meergötter —, Rubens Faun und Nymphen, Sindings „Zwei Menschen“. Hier ist die Beziehung des Nackten zum Geschlechtlichen besonders deutlich, und eine besondere Höhe der Kunst ist nötig, um bei dem Zusammenwirken des Nackten und des Erotischen eine Verletzung des geschlechtlichen Schamgefühls zu verhindern. Doch wollen wir hierauf nicht weiter eingehen.

Noch leichter schamverletzend als die Wirkung der bisher erwähnten Darstellungen ist die des „Ausgezogenen“. Diese tritt ein, wenn man den Eindruck hat, nicht einen nackten, sondern einen ausgezogenen Menschen dargestellt zu sehen. Das ist z. B. häufig auf den Bildern des Belgiers Rops, der nackte weibliche Gestalten gern mit Schuhen, Strümpfen, Hüten u. dgl. abbildet. So wirkt auch meist das Halbausgezogene. Es ist nicht das Halbnackte, was hier Anstoß erregt [196]), das kann ebenso rein sein wie das Nackte: man denke an die Venus von Milo und die zahlreichen griechischen Gewandstatuen, die den Körper fast ganz durchschimmern lassen.

Es ist die beabsichtigte Verbindung von Kleidung und Nacktheit, die ihren Reiz gerade darin sucht, daß etwas, was anständigerweise verborgen gehalten wird, enthüllt wird, also die bewußte Mißoffenbarung. Da kann schon eine geringe Enthüllung unzüchtig sein.

Ganz ähnlich wirkt die Darstellung nackter Dirnen, die als solche erkennbar, wenn auch vielleicht etwas idealisiert oder verallgemeinert sind, so wie Rops sie gleichfalls liebt. Hier ist der Eindruck des Ausgezogenen besonders stark, dazu kommt die besonders enge Beziehung zum Erotischen und das Schamlose der Enthüllung.

Damit ist nicht gesagt, daß solche Darstellungen des Ausgezogenen immer absolut unzüchtig sind. Die Kunst kann auch solche Gegenstände überwinden, aber im günstigsten Falle ist das Gebiet, wo solche Werke sich öffentlich zeigen können, doch recht beschränkt, und die Grenze sehr nahe, hinter der das Pornographische liegt, wo ja immer noch eine künstlerische Betätigung möglich ist.

Das alles gilt nur für Kunstwerke. Für Photographien von nackten Personen nach der Natur ist die Schranke des Erlaubten schon viel eher gezogen, nämlich da, wo die Richtung auf die Sinnlichkeit erkennbar wird. Das gilt auch dann, wenn die Photographie selbst künstlerisch aufgefaßt oder nach künstlerisch gestellten Gruppen aufgenommen ist. Nur wenn sie durch Retusche oder sonstwie gar nicht mehr den Eindruck des Individuellen macht, sondern sich in ihrer Wirkung der zeichnenden Kunst nähert, mag die künstlerische Photographie auch hier dem Kunstwerk gleichstehen.

Ich habe bisher nur von dem Nackten in der bildenden Kunst gesprochen. Es kommt freilich auch in der Dichtkunst vor, aber es spielt dort bei weitem nicht solche Rolle. Meist handelt es sich dort um erotische Szenen, deren Eindruck durch die Erwähnung des Nackten nur verstärkt wird. Schilderungen des Nackten, abgesehen vom Erotischen, sind selten, schon weil ausführliche Beschreibung des Körpers mit dem Wesen der Dichtkunst schwer vereinbar ist. So begnügt sich z. B. Boccaccio in der Erzählung von der Dame auf dem Turme [197]) damit, den Eindruck ihrer Nacktheit auf ihren Feind darzulegen, ohne sich auf Einzelheiten einzulassen. Das Anstößige liegt dabei dann nur in der Schilderung dieses Eindrucks. Die bloße Erwähnung der Nacktheit ohne erotische Beziehungen pflegt aber das Schamgefühl nicht zu verletzen. Daß wegen einer

Schilderung des nackten menschlichen Körpers ohne unmittelbare erotische Beziehungen jemals ein Schriftwerk strafrechtlich verfolgt worden wäre, ist mir nicht bekannt. Ich will daher auf diesen Punkt wegen seines geringen praktischen Interesses nicht näher eingehen.

Kapitel 21.

Verschiedenheit des Schamgefühls in Zeit und Raum.

Das menschliche Schamgefühl ist nichts Ständiges. Im Laufe der Geschichte ändert es sich, wenn auch langsamer als Anstandsregeln und Sitten. Vor allem ändern sich die anderweiten Interessen, die das Schamgefühl vor Verletzung bewahren: allgemeiner und tiefer wird das Interesse und das Verständnis für die Kunst und das Schöne, das Interesse für die Vorgänge des Lebens, anders die Ansichten über das, was die Kinder wissen müssen. So können Empfindungen, die früher nur anormale Menschen hatten, in das Bereich des Normalen gelangen. Aber auch das Schamgefühl selbst mag unter bestimmten Umständen abgestumpfter oder empfindlicher werden. So mag die Gewöhnung an den Anblick nackter Menschen nach der Abstumpfung hin, die Annahme feinerer Sitten durch die unteren Klassen nach dem Empfindlicheren hin wirken.

Das Schamgefühl, das für den Richter maßgebend ist, kann nur das gegenwärtig herrschende sein. Ebensowenig wie das, was sein soll, für ihn in Betracht kommt, berührt ihn das, was war oder sein wird [198]). Mag auch zuzeiten das Empfinden der Menschen gegenüber dem Geschlechtlichen und dem Nackten in einer Umwälzung begriffen sein und sich sogar die Richtung der Entwicklung erkennen lassen, mögen manche Fortgeschrittene, zugleich Rufer im Streit, die Zukunft schon vorweggenommen haben: für den Begriff des Unzüchtigen kommen nur die Empfindungen der normalen Menschen wie sie heute sind in Betracht, sogar wenn der Richter selbst zu jenen Pionieren gehört; denn normale Menschen sind das nicht. Erst wenn sich die neue Art des Empfindens — nicht um Vernunfterwägungen handelt es sich — so weit verbreitet hat, daß man deren

Träger als normal ansehen kann, ist damit auch der Begriff des Unzüchtigen verändert. Ebensowenig darf aber der Richter hinter seiner Zeit zurück sein, und das, was in der guten, alten Zeit als unzüchtig galt, auch heute ohne weiteres dafür erklären. So folgt die Rechtsprechung dem Wandel des Empfindens, ohne damit jedem Wechsel der Tagesmeinung zu folgen [199]).

Nun ist aber das Schamgefühl nicht nur zeitlich, sondern auch örtlich verschieden. Wer wollte leugnen, daß derselbe Gegenstand ganz verschieden auf das Schamgefühl wirken kann bei normalen Deutschen und Japanern, bei Amerikanern und Franzosen? Natürlich kann bei unseren Gerichten nur das als normal gelten, was in Deutschland normal ist. Wenn aber das deutsche Strafgesetz im Ausland anzuwenden ist, z. B. in den Konsulargerichtsbezirken oder den Schutzgebieten, dann kann natürlich nur in Frage kommen, was dort normal ist, auch wenn der Fall in Deutschland zur Aburteilung gelangt.

Ist es nun ebenso mit landschaftlichen Verschiedenheiten innerhalb Deutschlands? Die Berücksichtigung des Schamgefühls bestimmter Personenkreise haben wir abgelehnt, selbst wenn ihnen allein das beanstandete Werk zugänglich gemacht war. Auch bei landschaftlichen Verschiedenheiten müssen wir aus ähnlichen Gründen zu demselben Ergebnis kommen. Auch hier kann es keinen Unterschied machen, ob sich die Tat in ihrer Wirkung auf die betreffende Landschaft beschränkt hat oder nicht. Auch hier könnte für die Freisprechung unmöglich der Nachweis ausschlaggebend sein, daß ein Buch auch an einige Auswärtige in weniger empfindlichen Landschaften verschickt worden ist. Noch weniger aber könnte man den Umfang der Verbreitung für unerheblich erklären und sagen, ein Werk sei schon dann unzüchtig, wenn es auf die normalen Einwohner e i n e r der Landschaften, wo es verbreitet, feilgehalten usw. wird, schamverletzend wirke. Dann müßten doch wohl sämtliche Exemplare in München unbrauchbar gemacht werden, weil die Einwohner von Ingolstadt daran Anstoß nehmen. Und wie sollte es gehalten werden, wenn die Verbreitung nur an Ortsfremde mit anderer Normalität geschähe, z. B. an Hotelgäste? Oder auf der Eisenbahn zwischen München und Ingolstadt? Oder da, wo es gar keine eigentliche Bevölkerung gibt, wie auf dem Starnberger See oder einem Rheindampfer? Auch die landschaftlichen Eigentümlichkeiten müssen sich also mit dem Schutz begnügen, die ihnen ihre Berücksichtigung durch das allgemeine Schamgefühl gewährt. Mögen die Bewohner einer Kleinstadt einstimmig ein Bild, das dort im Schaufenster lag, für schamverletzend erklären, wenn gebildete Münchener der Ansicht sind, es sei so rein und schön, daß sie keinen Anstoß daran nehmen, daß es ungebildeten oder rückständigen Provinzialen gezeigt wird, dann hat das Ingolstädter Gericht freizusprechen [200]). Auch das ist das Richtige. Denn wir haben eine einheitliche Kultur, und in die dürfen die Landschaften mit ihrer Sondernormalität nicht eingreifen.

Kapitel 22.

Der § 184 a.

Als uns unser Gesetzgeber mit der stark beschränkten Lex Heinze beschenkte, hat er für die Jugend einen besonderen Schutz für notwendig gehalten, und das in doppelter Hinsicht: erstens indem er verbot, unzüchtige Werke Personen unter 16 Jahren gegen Entgelt zu überlassen und anzubieten (§ 184 Nr. 2), zweitens indem er verbot, gewisse andere Werke denselben Personen in derselben Weise zugänglich zu machen (§ 184 a). Es sind dies Schriften, Abbildungen oder Darstellungen, welche, ohne unzüchtig zu sein, das Schamgefühl gröblich verletzen. Uns interessiert diese Vorschrift deshalb, weil sie den Begriff des Unzüchtigen durch einen Gegensatz beleuchtet. Sie zeigt, daß etwas das Schamgefühl gröblich verletzen kann, ohne unzüchtig zu sein. Das stimmt mit unseren Ausführungen überein; denn wir haben gesehen, daß unzüchtig nur das ist, was das Schamgefühl in geschlechtlicher Beziehung verletzt, daß es aber noch eine andere Art des Schamgefühls gibt. Diese bezieht sich auf die Körperausscheidungen, und dieses Gebiet bleibt also allein für § 184 a. Es handelt sich um Unflätereien, die man skatologische nennt, gröbere Brüder des Manekin Pis und des Dukatenmännchens, Geschichten wie die elfte Novelle im Heptameron der Königin Margarete von

Navarra. Freilich ein enges Gebiet, aber weit wollte der Gesetzgeber ja schließlich seine Verbote auch nicht ausdehnen.

Allerdings haben einige der Mitwirker bei der Gesetzgebung wohl noch an etwas anderes gedacht. Sie wollten auch solche Werke treffen, die nicht geeignet sind, einen sinnlichen Reiz auszuüben, und doch dem geschlechtlichen Gebiet angehören. Aber die Meinung, daß solche Werke nicht unzüchtig sein können, haben wir als unrichtig erkannt; daher werden sie schon vom § 184 getroffen, so daß hier für den § 184 a kein Raum bleibt[201]).

Unrichtig ist auch die Meinung, daß unter § 184 a solche Werke fallen, die das Schamgefühl in anderen als den beiden erwähnten Beziehungen verletzen, denn ein Drittes, haben wir gesehen[202]), gibt es nicht. Insbesondere ist das Nackte nicht ein solches Drittes. Daher ist es nur bedingt richtig, wenn Olshausen[203]) als Beispiel für Darstellungen, die ohne unzüchtig zu sein, das Schamgefühl gröblich verletzen, anatomische Abbildungen und Präparate menschlicher Körperteile in Wachs anführt. Denn vorausgesetzt, daß sie das Schamgefühl überhaupt verletzen, wird es meist in geschlechtlicher Hinsicht sein, wie z. B. bei einer Nachbildung des Penis, sei es auch in seiner Eigenschaft als Harnorgan. Nur wenn die Darstellung es ausschließlich mit den Ausscheidungen zu tun hat, kann sie den Tatbestand des § 184 a erfüllen; doch wird das sehr selten vorkommen, weil dann durch sie selten das Schamgefühl verletzt wird und noch seltener gröblich.

Da auch die maßgebenden Personen, auf deren Schamgefühl es ankommt, hier keine anderen sind als im § 184, so liegt auch insofern keine Erweiterung dieses Paragraphen vor.

Kapitel 23.

Die Prüfungstätigkeit des Richters.

Wie gestaltet sich nun nach unserer Auffassung vom Wesen des Unzüchtigen die Prüfungstätigkeit des Richters gegenüber einem beanstandeten Werk?

Zunächst hat er zu erwägen, ob das Werk überhaupt etwas mit der Kunst zu tun hat[204]). In den meisten Fällen einer Strafverfolgung aus § 184 wird er diese Frage auf Grund eigener Sachkunde ohne weiteres verneinen, es wird auch von den Beteiligten gar nicht behauptet werden. Da wird es meist nicht einmal geboten sein, in den Urteilsgründen überhaupt zu erwähnen, daß jede Beziehung zur Kunst fehlt.

Wird aber solche Beziehung behauptet oder scheint sie sonst möglich, so kann sie dreifacher Art sein: sie kann in der Tendenz des Werkes liegen, ferner in seiner technischen Bedeutung wie bei Aktphotographien, endlich kann sie durch die Wissenschaft vermittelt sein, wie bei kunst- und literaturgeschichtlichen Werken. Welche dieser Beziehungen vorliegen soll, wird der Beschuldigte anzugeben haben, wenn aus dem Werke selbst nichts Derartiges zu entnehmen ist.

Verneint der Richter eine Beziehung zur Kunst, so wird er — von wissenschaftlichen u. dgl. Werken abgesehen — in der Regel ohne weiteres entscheiden können, ob das Werk das geschlechtliche Schamgefühl verletzt. Bejaht er hingegen etwa die künstlerische Tendenz, so darf er nicht ohne weiteres freisprechen. Er muß weiter prüfen, ob das Werk sich vom Gewohnten so wenig entfernt, daß die Tendenz allein ausreicht, um das Gefühl der Schamverletzung nicht aufkommen zu lassen, ob anderenfalls der künstlerische Eindruck tief genug ist, um diesen Einfluß auszuüben. Dann muß er die Umstände erwägen, unter denen die Verbreitung, Ausstellung u. dgl. geschehen ist, wem das Werk dabei zugänglich gemacht ist, usw. Dies natürlich nur, wenn das Werk überhaupt unter irgendwelchen Umständen als unzüchtig erscheinen kann, also relativ unzüchtig ist. Entsprechendes gilt in den selteneren Fällen, wo es sich um die technische Bedeutung des Werkes handelt (Aktphotographie) oder um den Einfluß der kunst- oder literaturwissenschaftlichen Tendenz.

Vielleicht ist es dienlich, den Vorgang der richterlichen Prüfung sich an einem Beispiel klarzumachen. Ich nehme an, beanstandet sei eine gelungene Photographie von Sindings „Zwei Menschen", die eine gute Vorstellung dieses Kunstwerkes gibt. Daß sie eine künstlerische Tendenz hat, wird ohne weiteres erhellen. Dann fragt der Richter weiter, ob die Gruppe nicht über das bei der Darstellung des Nackten Gewohnte hinausgeht. Das wird zu bejahen sein, denn die erotischen, leidenschaftlichen Beziehungen zweier nackter Menschen sind mit großer Energie zum Ausdruck gebracht, wenn auch nicht in der Art, daß sie der geschlechtlichen Vereinigung sehr nahe kämen. Andererseits ist wieder die Darstellung so groß und schön, daß sie auch in der Photographie das ästhetische Empfinden des Beschauers völlig in Anspruch nimmt und kein Gefühl verletzter Scham aufkommt. So wird der Richter, wenn er das Bild betrachtet, empfinden. Aber er muß weiter fragen, wie die Umgebung des Bildes zur Zeit der Tat war. Es lag in einem Schaufenster — gut, auch hier mag es wegen seines starken künstlerischen Eindrucks unbedenklich sein. Aber was für ein Schaufenster war es? Das einer Buchhandlung, in dem außer Büchern, die nichts Auffälliges boten, Photographien alter und neuer Kunstwerke aller Art auslagen, ohne besondere Bevorzugung des Nackten oder Geschlechtlichen. Also auch insoweit nichts Bedenkliches. An was für ein Publikum wendete sich der Täter? An alle gleichmäßig, den Wohlhabenden wie den Unbemittelten, den Gebildeten wie den Ungebildeten, denn die ausgelegten Photographien, darunter die beanstandete, befinden sich auf Postkarten und werden zu 10 Pf. das Stück verkauft. Auch ersieht man aus Lage und Ausstattung des Geschäftes, daß der Verkäufer auch auf Arbeiterpublikum rechnet: neben guten Büchern finden sich im Schaufenster Briefsteller, Traumbücher, Volksausgaben in schlechter Ausstattung. Das ist nun ungünstig, denn so wird die Photographie in weitem Umfange auch Ungebildeten zugänglich gemacht, die in dem Bild nichts anderes sehen, als einen nackten Mann und ein nacktes Weib, die sich glühend umschlingen. Da aber das Erotische, wie bemerkt, sich innerhalb gewisser Schranken hält, so ist nicht anzunehmen, daß es viel oder gar vorwiegend von ganz Ungebildeten gekauft wird, lediglich zum Sinnenreiz, sondern mehr von Unbemittelten mit gewisser Bildung und Sinn für das Schöne. Da wird das Ergebnis sein: der künstlerische Eindruck des Kunstwerkes noch in der vorliegenden photographischen Wiedergabe ist so tief, das Künstlerische überwiegt das Sinnliche so sehr, daß auch der Umstand, daß es Ungebildeten dargeboten wird, bei vielen kunstempfänglichen normalen Menschen sich nicht in den Vordergrund drängt, und daher das Schamgefühl nicht verletzt wird.

Aber diese Erwägungen, obwohl sie alle angestellt werden müssen, brauchen nicht notwendig alle in der Urteilsbegründung Aufnahme zu finden. Diese könnte z. B. so lauten:

Der Angeklagte wird beschuldigt, eine unzüchtige Abbildung ausgestellt und feilgehalten zu haben, indem er die bei den Akten befindliche Photographie nach Sindings plastischer Gruppe „Zwei Menschen" im Mai 1909 in seinem Schaufenster, in Berlin, Oranienstraße 75 e ausgelegt hat. Die Handlung selbst ist durch sein Geständnis erwiesen. Die Abbildung ist indessen nicht unzüchtig. Zwar stellt sie einen Mann und ein Weib dar, die sich, ganz nackt, leidenschaftlich umschlingen, aber das Gericht hat nicht die Überzeugung gewonnen, daß dadurch, auch wenn man alle Umstände, unter denen das Bild ausgelegt worden ist, berücksichtigt, das Schamgefühl jedes normalen Menschen verletzt wird. Daher ist der Angeklagte von der Anklage aus § 184 Nr. 1 StGB. freizusprechen.

Schön wäre ein solches Urteil nicht, aber ausreichend und, nach meiner Meinung, mit der Revision nicht anzugreifen.

Kapitel 24.

Die Rechtsprechung und ihre Einheitlichkeit.

Wir haben so gesehen, wie die Gerichte in den Fällen, die die Kunst berühren, vorgehen sollen. Wir werfen nun noch einen kurzen Blick auf die Rechtsprechung, wie sie in der Tat ist. Da haben wir nun schon oft im Laufe unserer Untersuchung, an deren Ende wir jetzt stehen, Gelegenheit genommen, Entscheidungen unseres Reichsgerichts heranzuziehen. Ich habe diesem dabei mitunter entgegentreten und auch gelegentlich Gedanken, die dort nicht zu Ende gedacht sind, weiter entwickeln müssen, auch glaube ich manches zur Aufklärung des Begriffes des Unzüchtigen gebracht zu haben, was sich in den Urteilen unseres höchsten Gerichtshofes gar nicht findet. Aber das gestehe ich gern zu: Meine Arbeit beruht durchaus auf der Grundlage, die das Reichsgericht in jahrzehntelanger Praxis aus dem Leben heraus geschaffen hat, und wäre ohne sie nicht möglich gewesen.

Trotz mancher Bedenken im einzelnen ist es dem Reichsgericht im allgemeinen gelungen, den Begriff des Unzüchtigen, besonders auch im Verhältnis zur Kunst, so klar zu stellen, wie das hier überhaupt möglich ist, und zugleich ihm solche Auslegung zu geben, die — immer einzelne Bedenken ausgenommen — das Interesse der geschlechtlichen Sittlichkeit und das der Kunst in gleicher Weise wahrt. Daß in einem einzelnen Falle das Reichsgericht durch seine Ausführungen über das Unzüchtige der Kunst zu nahe getreten sei, daß es ein Werk, das von den kunst- und dichtungliebenden Gebildeten hochgeschätzt und als unanstößig oder gar als rein und erhaben empfunden wird, für unzüchtig erachtet oder doch das untere Gericht veranlaßt habe, es dafür zu erachten — dafür hat noch niemand ein Beispiel angeführt. Auch nicht die Schrift von Richard Wolff „Was ist unzüchtig?", die es unternimmt, nachzuweisen, daß die deutsche Rechtsprechung im wesentlichen verfehlt sei.

Auch ist die Rechtsprechung des Reichsgerichts schon seit langen Jahren im ganzen in sich übereinstimmend und folgerichtig, so daß man sie so sicher voraussehen kann wie bei den meisten strafrechtlichen Begriffen. Daß sie nicht überall auf dem Standpunkt, auf dem sie sich in den ersten Jahren nach Errichtung des Reichsgerichts befand, stehen geblieben ist, wer möchte ihr daraus einen Vorwurf machen? Die Sicherheit des Verkehrs erfordert es freilich, daß das höchste Gericht nicht leicht und oft von dem festen Wege, den es selbst gebahnt hat, abweicht, aber wenn es stets denselben Weg ginge, nur weil es ihn früher gegangen ist, so würde das ganze Rechtsleben versumpfen.

Es ist also zu hoffen und zu erwarten, daß unser höchster Gerichtshof auch in Zukunft unser Gesetz so anwenden wird, wie es das Interesse sowohl der Kunst wie der Sittlichkeit erfordert, und daß es das, was an seiner Rechtsprechung dabei noch mangelhaft ist, zu größerer Vollkommenheit entwickeln wird.

Freilich ist damit noch lange nicht alles getan, was die Rechtsprechung tun kann. Denn das Reichsgericht als Revisionsgericht hat nur die Rechtsfragen zu prüfen und ist an die tatsächliche Feststellung der unteren Instanz gebunden. So bleibt manches übrig, was die unteren Instanzen verfehlen können, ohne daß das Reichsgericht helfen kann. Ob durch ein Werk das Schamgefühl des normalen Menschen in geschlechtlicher Beziehung verletzt wird, das ist im wesentlichen Sache der tatsächlichen Feststellung, und daher dem Richter der unteren Instanz überlassen. Wenn er sich grundsätzlichen Erörterungen fernhält, kann ihm das Reichsgericht meist wenig anhaben, da das Maß der im § 266 der Strafprozeßordnung geforderten Urteilsbegründung sehr gering ist, woran auch der dem Reichstag vorliegende neue Entwurf nichts Erhebliches ändert. So genügt das im vorigen Kapitel als Beispiel angeführte, sehr gedrängte Urteil den gesetzlichen Ansprüchen. Und wenn das Gericht verurteilt, so braucht es nach dem genannten § 266 StPO. nur anzugeben, welches Werk es für unzüchtig hält, in welcher Handlung es die Tätigkeit des Verbreitens usw. findet, und daß der § 184 Nr. 1 zur Anwendung kommt, nicht aber z. B. wegen welcher Eigenschaften des Bildes selbst oder wegen welcher begleitenden Umstände es ein Bild für schamverletzend erachtet. Das Reichsgericht mag daher völlig überzeugt sein, das betreffende, bei den Akten befindliche Bild sei nicht schamverletzend, es kann dann doch dem ersten Urteil nicht beikommen. Auch könnte z. B. ein Gericht sich ganz genau nach allen meinen rechtlichen Ausführungen richten, und brauchte doch kein einziges meiner Beispiele für zutreffend zu halten. Es könnte so trotz Übereinstimmung in allen Rechtsfragen doch überall zu Ergebnissen gelangen, die den meinigen gerade entgegengesetzt sind.

Doch ist diese Möglichkeit eine mehr abstrakte. In Wirklichkeit ist die Gefahr nicht groß, daß die Gerichte trotz richtiger Rechtsprechung des Reichsgerichts zu Urteilen gelangen, die falsch, insbesondere kunst- und literaturfeindlich, und dabei doch unangreifbar sind. Unsere Gerichte geben nämlich keine so oberflächliche Urteilsbegründung, die gerade knapp den gesetzlichen Anforderungen genügt, wie wir eine als Beispiel angeführt haben. Sie halten es für ihre Ehrenpflicht, eine so genaue Begründung zu geben, daß darin alle für das Urteil maßgebenden tatsächlichen und rechtlichen Umstände enthalten sind, besonders wenn der Angeklagte verurteilt oder die Unbrauchbarmachung eines Werkes ausgesprochen wird. Dabei muß das Gericht die Grundsätze angeben, die es bei der Frage geleitet haben, ob das Schamgefühl des normalen Menschen verletzt ist. Hier kann nun das Reichsgericht eingreifen, wenn es diese allgemeinen Erwägungen des ersten Richters für unrichtig hält. So z. B. wenn er sagt, Bilder, die die erotischen Beziehungen nackter Menschen darstellten, wirkten immer schamverletzend, wenn sie in einem Schaufenster der Öffentlichkeit preisgegeben würden, oder wenn er ausführt, daß durch die beanstandeten Bilder das Schamgefühl normaler Menschen verletzt würde, ergäbe sich schon daraus, daß die an dem Urteil mitwirkenden Personen, die normale Menschen seien, ihr Schamgefühl dadurch verletzt fühlten. Im ersten Beispiel würde das Reichsgericht bemängeln, daß der Richter nicht geprüft habe, ob nicht der künstlerische Eindruck die Verletzung des Schamgefühls verhindert habe, wozu er bei der anerkannten großen Bedeutung des Originalwerkes besonderen Anlaß gehabt habe. Im zweiten Beispiel könnte das Reichsgericht den Vorderrichter belehren, daß es nicht darauf ankomme, ob einige, sondern ob alle normalen Menschen verletzt würden.

Auch geht das Reichsgericht oft recht weit in der Nachprüfung der Urteile und dehnt das Gebiet der Rechtsverletzung recht aus. So rechnet es (RG. 37, 315) hierher die Frage, ob es stets die Unzüchtigkeit ausschließt, wenn ein Bild ein Kunstwerk ist, d. h. mit künstlerischen Mitteln künstlerische Zwecke verfolgt. Ist also ein unteres Gericht der Ansicht, die Erkenntnis der Kunstwerkeigenschaft eines Bildes lasse in einem normalen, kunstverständigen Beschauer nicht das Gefühl einer Schamverletzung aufkommen, denn soviel Kunstempfinden, als hierzu gehöre, sei noch normal, so würde das Reichsgericht hierin eine Rechtsausführung sehen. Mag das hier auch zutreffend sein, jedenfalls stehen solche Sätze hart an der Grenze der tatsächlichen Erfahrungssätze. Nach Lage unserer Prozeßvorschriften ist es auch recht weitgehend, wenn die Entscheidung des Reichsgerichts vom 14. April 1908 (JW. 574) eine besondere Begründung dafür verlangt, weshalb das Gericht die Abbildung nackter Menschen für schamverletzend hält, da solche nicht schon an sich wegen der Nacktheit als unzüchtig erklärt werden könnten. Ähnlich äußern sich andere Reichsgerichtsurteile.

Bei dieser weitherzigen Auffassung des Reichsgerichts von seiner Aufgabe wird es tatsächlich nicht so leicht vorkommen, daß die unteren Gerichte eine Schrift oder Darstellung unzutreffenderweise für schamverletzend oder nicht schamverletzend erklären, ohne daß das Reichsgericht die Möglichkeit hätte, das Urteil aufzuheben. Meist wird dann auch ein aus der Urteilsbegründung erkennbarer

Verstoß gegen die Grundsätze vorliegen, die das Reichsgericht für solche von rechtlicher Natur hält.

Freilich soll sich das ändern. Nach der jetzt dem Reichstag zugegangenen Vorlage betreffend Änderungen des Gerichtsverfassungsgesetzes (§ 23 II Nr. 3) sollen nämlich die Vergehen gegen § 184 StGB., für die bisher in erster Instanz das Landgericht und in letzter Instanz das Reichsgericht zuständig war, von der Staatsanwaltschaft vor die Amtsgerichte (Schöffengerichte) gebracht werden können, wenn nicht eine Gefängnisstrafe, und zwar von mehr als 6 Monaten, zu erwarten ist[205]) — das ist aber die erdrückende Mehrheit aller Fälle. Dann würde in letzter Instanz eines der zahlreichen Oberlandesgerichte entscheiden. Wird diese Bestimmung Gesetz, dann ist die Tätigkeit des Reichsgerichts auf dem Gebiete des § 184 so gut wie ganz ausgeschaltet. Ich halte das für eine große Gefahr für die Kunst, was ich in meinem Aufsatz „Die Strafprozeßnovelle und die Kunst" in der Deutschen Juristenzeitung vom 15. Juni 1909 näher ausgeführt habe. Ich habe dort auch einen Vorschlag gemacht, wie diese Gefahr ohne erhebliche Belastung des Reichsgerichts beseitigt werden kann, nämlich indem man dem Beschuldigten das Recht gibt, binnen 3 Tagen nach Empfang der Anklage die Verweisung seiner Sache an das Landgericht zu verlangen, falls die Anklage vor dem Amtsgericht erhoben ist. Hoffentlich findet mein Vorschlag bei den maßgebenden Stellen, wozu ich auch Künstler, Schriftsteller, Buch- und Kunsthändler rechne, Anklang. Hoffentlich halten diese die Sache nicht für gleichgültig in der leider recht verbreiteten Ansicht, die Rechtsprechung des Reichsgerichts zu § 184 sei kunstfeindlich und engherzig, und daher nicht wert, daß man ihre Herrschaft unterstütze. Diese Ansicht könnte der Kunst zu schwerem Schaden ausschlagen, und wenn es mir in diesem Buch gelungen sein sollte, sie mit einigem Erfolg zu bekämpfen, so glaube ich auch der Kunst einen kleinen Dienst geleistet zu haben, vielleicht nicht größer, als ihn der Aufseher leistet, der die Beschädigung von Kunstwerken verhindert, aber doch einen Dienst.

So mögen denn das Reichsgericht und von ihm beeinflußt die unteren Gerichte weiter eine Rechtsprechung pflegen, die immer vollkommener den berechtigten Ansprüchen der Kunst auf der einen Seite und der Sittlichkeit auf der anderen gerecht wird, so daß auch das Ausland, soweit dort dieselben Fragen gestellt werden, sich die Rechtsprechung unseres Vaterlandes zum Muster nehmen kann, das, hoffen wir, auch in Zukunft sein Ideal in der Pflege des Guten und des Schönen zugleich finden wird. Gerade bei einem Gesetzeswort, das zeitlich und räumlich so wenig auf das zufällig gerade geltende Gesetz und dessen Gebiet beschränkt ist, muß der Richter seinen Spruch sub specie aeternitatis betrachten und bedenken, daß er damit einen Baustein legen soll zum großen Weltgebäude der Kultur. Und wenn er auch nie den Blick für das wirkliche Leben seiner Zeit verlieren soll, so muß er doch das Auge erheben können ins Unvergängliche, hinaus über das Kampfgetümmel der Gegenwart, die so bald hinabsinken wird zur Vergangenheit.

Anmerkungen.

[1]) Zum Beispiel RG. 37, 315.

[2]) Für Preußen vgl. Urteil des Kammergerichts vom 31. 1. 1884, Jahrbuch für Entscheidungen des Kammergerichts 4, 249 f.

[3]) Alle andern, oft recht interessanten Rechtsfragen des § 184 scheide ich aus, da sie für die Kunst von geringerer Bedeutung sind gegenüber der Frage des Unzüchtigen. Wenn z. B. festgestellt ist, eine Ausgabe von Boccaccios Decamerone sei eine unzüchtige Schrift, so hat die Dichtkunst und ihre Verehrer kein großes Interesse daran, ob schon der Verkauf eines Exemplars strafbar ist oder nicht, ob zur Strafbarkeit schon die Ausstellung des Titels im Schaufenster genügt, oder ob dort das Buch selbst liegen muß, oder ob auch die unzüchtigen Stellen lesbar aufgeschlagen sein müssen usw. Welche praktische Bedeutung freilich für den Buchhändler solche andern Rechtsfragen aus § 184 haben können, z. B. die vom Wesen des Dolus eventualis, zeigt Wolff in der Schrift „Was ist unzüchtig?" S. 42 f.

Auf § 184 Nr. 2 gehe ich nicht weiter ein, weil er ganz dieselben Gegenstände wie § 184 Nr. 1 und nur noch einige andere Handlungen, die damit vorgenommen werden, unter Strafe stellt.

[4]) Vgl. Schlechtriem, „Die strafrechtliche Bedeutung unzüchtiger Schriften und Abbildungen", Bonn 1907 S. 30, eine gute Heidelberger Dissertation, die auch das ausländische Recht eingehend behandelt. — Darauf, daß die Vergehen des § 184 meist ihren Ursprung in der Gewinnsucht haben, weist hin Porret in Zeitschrift für Schweizer Strafrecht 1891, 480.

[5]) Unrichtig RG. 38, 347. Das Reichsgericht sieht dort das Wesen der Schrift darin, daß ein Gedankeninhalt durch Zeichen fixiert wird, die das Verständnis zu vermitteln geeignet sind. Läßt man das auch gelten, so sind doch die Einritzungen des Phonographen keine Zeichen. Denn Zeichen sind Merkmale; an den Einritzungen kann aber niemand etwas merken, da man sie nicht versteht; jedenfalls sind sie nicht zum Merken bestimmt. Ganz deutlich wird dies bei Poulsens Telegraphon, wo ein Metallband dadurch zum Träger einer gesprochenen Mitteilung wird, daß man es durch Schwingen eines Mikrophons in bestimmter Weise magnetisiert. Hier entstehen gar keine dem Auge oder Gefühl wahrnehmbare Spuren, und niemand wird die magnetischen Veränderungen als Zeichen betrachten. Ferner gehört es zum Wesen der Schrift, daß ihre Zeichen durch ihre Form auf das Auffassungsvermögen wirken, sonst wäre eine Spieldosenwalze eine Schrift. Wo diese Einwirkung auf akustischem Wege geschieht,

ist der Umstand, daß in einem Zwischenstadium sichtbare Figuren von bestimmter Form entstehen, durchaus zufällig, wie das Telegraphon zeigt. Das Reichsgericht hat sich aber hierdurch verleiten lassen, in der Phonographenplatte eine Schrift zu sehen. Endlich bedarf es für den Begriff der Schrift gar nicht der Fixierung eines Gedankeninhaltes, sondern nur seines Ausdruckes in wahrnehmbarer Form. Mitteilungen durch den Projektionsapparat sind eine Schrift, wenn sie nur so lange sichtbar sind, daß man sie lesen kann.

⁶) Beim Projektionsapparat ist nicht etwa die Glasplatte oder der Film, der die Lichterscheinung vermittelt, als Schrift oder als Abbildung anzusehen, die öffentlich ausgelegt wird, wie RG. 39, 183 annimmt. Denn nicht Platte oder Film werden wahrgenommen, sondern nur die durch sie verursachte Lichterscheinung. Rein optisch mag der Vorgang nicht viel anders sein als bei der Betrachtung eines Bildes im Spiegel, aber für unsere Auffassung ist beides völlig verschieden: hier sehen wir das Bild selbst, wenn auch nur im Spiegel, dort sehen wir nicht die Platte, sondern das dadurch hervorgerufene Lichtbild. Es wäre denkbar, daß die Platte eines Projektionsapparates gar nichts erkennen läßt, und die Schriftformen auf dem Schirm nur durch die Art entstehen, wie sie besondere dunkle Strahlen, z. B. Röntgenstrahlen, hindurchläßt. Die Platte spielt hier also keine andere Rolle als die Platte, mit der ein Buch oder eine Lithographie gedruckt wird, und ebensowenig wie diese ist sie eine Schrift oder Abbildung. Dasselbe gilt von der Vorführung natürlicher Gegenstände im Lichtbilde.

Daher sind auch nicht, wie das Reichsgericht a. a. O. will, die Films beim Kinematographen als Abbildungen mit strafbarem Inhalte gemäß § 41 Abs. 1 StGB. anzusehen und nicht als „öffentlich ausgelegt" gemäß dem dortigen Abs. 2, sondern sie sind eben nur Platten im Sinne des Abs. 1 und können gemäß Abs. 2 nur dann unbrauchbar gemacht werden, wenn sie, abgesehen davon, daß sie dem Beschuldigten gehören, sich im Besitze des Verfassers, Druckers — d. h. Herstellers — usw. befinden, also z. B. nicht, wenn sie sich der Täter nur geliehen hat. Das mag bedauerlich sein, berechtigt aber nicht, dem natürlichen Sachverhalt Gewalt anzutun.

⁷) Wilmanns, Deutsche Grammatik II (2) S. 378; Heyse, Deutsche Grammatik (27) S. 194.

⁸) Vgl. E. des preuß. OTr. vom 19. 6. 1874, Goltd. Arch. 22, 601 und Oppenhoff, Rechtsprechung 15, 430, wo es sich um einen Selbstbefriediger handelte

⁹) Vgl. RG. 26, 370.

¹⁰) Das hat schon für das alte preußische Strafrecht betont die E. des OTr. vom 4. 3. 1863, Goltd. Arch. 11, 361.

¹¹) So schon das preuß. OTr. in der E. vom 19. 6. 1874, s. oben Anm. 8, und das Reichsgericht in zahlreichen Entscheidungen, z. B. E. 21, 306; 31, 261; 37, 316; ferner Meili in Goltd. Arch. 46, 187 (1898/99), ähnlich Franck, Das Strafgesetzbuch für das Deutsche Reich (5—7) S. 303. Ebenso betreffs des § 124 des Züricher Strafgesetzbuchs: Benz, das Strafgesetzbuch für den Kanton Zürich, S. 113, und bezüglich des norwegischen Wortes „utugtig" Hagerup, Almindelig

borgerlig Straffelov (1903) S. 182. A. M. Binding, Lehrbuch, Besonderer Teil (2) S. 215 und in ZStW. 2, 461, Liszt, Lehrbuch (16, 17) S. 378, Schauer, Zum Begriff der unzüchtigen Schrift S. 16, 25, Hatzipetros, Begriff der unzüchtigen Schrift S. 20.

[12]) Vgl. Hohenemser, Versuch einer Analyse der Scham. Im Archiv für die gesamte Psychologie II (1894), 298 f.

[13]) Unrichtig scheint mir eine Erklärung des Schamgefühls, wobei die Offenbarung des Verborgenen nicht beachtet wird, wie sie Hohenemser a. a. O. 298 f. zu geben versucht. Auch Ellis, Geschlechtstrieb und Schamgefühl — übers. von Köhler — (3) geht hierauf nicht genügend ein. Ganz unbrauchbar ist das verworrene Zeug, das Dugas in der Revue philosophique Bd. 56 (1903), 468 f. über „La Pudeur" zum besten gibt. Näher kommen dem Richtigen Renouvier und Prat, Nouvelle Monadologie (Paris 1899) 221 f., ferner Ziegler, Das Gefühl (3), 172 f., Lipps, Die ethischen Grundfragen (2) 193 f., Hieronymus Lorm, Der grundlose Optimismus (Wien 1894), 283, auch der sehr lesenswerte, mit A. K. gezeichnete Aufsatz in der Vossischen Zeitung vom 6. 2. 1909 „Zum Problem der Schamhaftigkeit", endlich Ewald, Gründe und Abgründe (Berlin 1909), Teil I, 497, der aber insofern irrt, als er im Schamgefühl stets ein Schuldgefühl finden will. Die wenig beachtete Definition der Scham, die der große Kant gibt in seiner Anthropologie I. Teil 3. Buch § 74 Abs. 2 (Werke, herausg. von Hartenstein, Leipzig 1839, Bd. 10, 281), ist nicht sehr fördernd, da sie Richtiges und Falsches vermengt. Doch mag sie hier folgen: Scham ist Angst aus der besorgten Verachtung einer gegenwärtigen Person und, als solche, ein Affekt. Sonst kann einer sich auch empfindlich schämen ohne Gegenwart dessen, vor dem er sich schämt; aber dann ist es kein Affekt, sondern, wie der Gram, eine Leidenschaft, sich selbst mit Verachtung anhaltend, aber vergeblich zu quälen; die Scham dagegen, als Affekt, muß plötzlich eintreten.

[14]) Vgl. Ellis a. a. O. 60 f., 69 f.

[15]) Hierüber Ellis a. a. O. 76 f.

[16]) Rein physiologisch betrachtet stehen die Fäkalien auf der einen Seite als Exkremente gegenüber dem Urin und dem Schweiß auf der andern als Exkreten. Die Exkremente sind im wesentlichen unverbrauchte Nahrungsmittel, die durch den Körper hindurchgegangen sind und niemals einen Teil davon gebildet haben, die Exkrete sind verbrauchte Teile des Körpers. Was Fäkalien und Urin gegenüber andern Ausscheidungen gemeinsam haben, ist physiologisch wenig bedeutsam, nämlich, daß sie regelmäßig nach längeren Pausen in größeren Mengen aus dem Körper entfernt werden, ferner daß sie besonders widerwärtig und gesundheitsschädlich sind, daß ihre Ausscheidung bis zu einem gewissen Grade willkürlich erfolgt usw. Aber dies war der Anlaß, ihnen in sozialer, sittlicher und ästhetischer Beziehung gegenüber den andern Ausscheidungen eine gesonderte Stellung zu geben.

[17]) Vgl. Ellis a. a. O. 71 f.

[18]) Eine völlige Verkennung des Wesens des Schamgefühls ist es, wenn Cooper in seinem Roman „The Monikins" eine junge Affendame in ihrem Scham-

gefühl verletzt sein läßt, weil der Fremde sich vor ihnen bekleidet zeigt, woran sie nicht gewöhnt sind. Dadurch, daß man etwas verbirgt, kann nie das Schamgefühl, höchstens das Anstandsgefühl verletzt werden. Wohl aber kann man sich selbst über eine ungehörige Verhüllung unter Umständen schämen.

[19]) Das wird richtig angedeutet von Lipps a. a. O. 193 f. Doch führt er irrtümlich die Schamhaftigkeit zurück auf ein Verbergen des Tierischen am Menschen. Ähnlich der Verfasser, A. K., des in Anm. 3 erwähnten Zeitungsaufsatzes, der in Übereinstimmung mit Lorm a. a. O. 283 die Schamhaftigkeit auf ein metaphysisches Bedürfnis des Menschen zurückführt. Indessen verletzt das Hervortreten des Tierischen am Menschen vielfach nur das Anstands-, nicht das Schamgefühl, z. B. wenn jemand gierig ißt oder sich im Schmutz wälzt. Ferner mag es wohl sein, daß ein metaphysisches Bedürfnis bei der Ausbildung des Schamgefühls mitgewirkt hat, aber zur Erklärung genügt es nicht, da dieses älter ist als solche Bedürfnisse. Ich bin mir ganz klar, daß ich mit der Erklärung durch die Mißoffenbarung des Ichs das Schamgefühl durchaus nicht in seine tiefsten Gründe verfolgt habe; aber mir will scheinen, daß auch die andern nicht viel weiter eingedrungen sind.

[20]) Binding, ZStW. 2, 460, sagt: „Der Akt des Verlöbnisses und der Eheschließung existiert für die Kunst nicht.“ Das trifft nicht zu und ist gewiß nicht der Grund, weshalb die dichtende und bildende Kunst die Schilderung der ehelichen Vereinigung ebenso zu meiden hat wie die der außerehelichen. Der Grund ist der, daß eins so wenig wie das andere die Vorführung vor andern Personen verträgt. Vgl. RG. 23. 11. 1894, Goltd. Arch. 42, 397 f., deren übertriebene Prüderie übrigens nicht zu billigen ist.

[21]) Im Lateinischen könnte man wohl in allen diesen Fällen für „Schamgefühl“ das Wort „pudor“ anwenden. Im Französischen würde man wohl im ersten Beispiel sagen „sentiment de honte“, im zweiten „pudeur“, im dritten „honte“, im vierten „sentiment de pudeur blessée“. Über die Geschichte des deutschen Wortes „Schamgefühl“ s. Grimm, Deutsches Wörterbuch Bd. 8 S. 2115.

[22]) Hohenemser a. a. O. 312 f. macht gar keinen Unterschied zwischen dem, der selbst eine sexuelle Handlung vornimmt und sich dessen schämt, und dem, der nur Zeuge ist, dessen Schamgefühl also verletzt wird, ohne daß er sich selbst zu schämen braucht. Der Verfasser A. K. in der Vossischen Zeitung — vgl. Anm. 13 — will das Sich-Schämen über eine eigene gemeine Handlung nur als ähnlich, nicht als gleichartig mit dem Schamgefühl wegen einer fremden Bloßstellung ansehen. Aber er macht das Ähnliche und das Verschiedene daran nicht klar.

[23]) Die Anfänge finden wir schon bei Tieren, vgl. Ellis u. a. O. 60, 62, 76. Ungezähmte Tiere kennen das Schamgefühl oder dessen Vorläufer wohl nur in dem Sexual- und Ausscheidungsgebiet. Gezähmte wieder haben dies meist verloren, dagegen manchmal das Schamgefühl über eigene Mängel erworben, besonders die Hunde. (Vgl. Darwin, Die Abstammung des Menschen, übers. von Carus 3. Aufl. S. 93.) Die Verletzung des Schamgefühls durch Handlungen

anderer ist etwas rein Menschliches, wenn auch durchaus nicht erst eine Errungenschaft der Kultur.

[24]) Tierleben (3) I 168.

[25]) Vgl. hierzu Grimm, Deutsches Wörterbuch I, 474, 475, wo der Bedeutungsunterschied zwischen „Anstand" und „anständig" ersichtlich, wenn auch nicht hervorgehoben ist. Nicht dagegen bei Heyne, Deutsches Wörterbuch (2) 124 (1905).

[26]) Ich werde unten im Kap. 20 ausführen, daß für den Bereich des Schamgefühls das Nackte fast ausschließlich zum Geschlechtlichen gehört. Anders für das Anstandsgefühl. Das Nackte kann da den Anstand verletzen, ohne auch nur die entferntesten Beziehungen zum Geschlechtlichen zu haben. So wenn Kinder an einer belebten Stelle einer Stadt baden, oder wenn eine Dame in Gesellschaft den Ärmel hoch aufstreift, um ihren Arm zu zeigen.

[27]) Kohler, ZStW. 7, 49 f.

[28]) Man kann über den geschlechtlichen Anstand im Gebiete der Kunst verschiedener Ansicht sein. Man kann z. B. sagen: Der Christus des Michel Angelo in der Kirche Santa Maria sopra Minerva und sein Jüngstes Gericht in der Sixtinischen Kapelle würden auch in ihrem ursprünglichen Zustande den Anstand nicht verletzen, denn die konventionellen Anstandsregeln gelten nicht für das Göttliche, das die Kunst zum Ausdruck bringt. Aber dabei dürfte vergessen sein, daß eine Kirche kein Tempel der Schönheit und kein Museum ist. Wir Nordländer, besonders die protestantischen, pflegen ja allerdings schon nach kurzem Aufenthalte in Italien die dortigen Kirchen wie Museen zu betrachten, und nur selten haben wir in ihnen religiöse Empfindungen, so wie sie in uns viele deutsche katholische Kirchen, vor allem der Kölner Dom, erwecken. Wir nehmen daher in Italien an vielem keinen Anstoß, was uns daheim stören würde, wie an dem Umherwandeln während des Gottesdienstes, den weltlichen Melodien der Orgel usw. Aber wir sollten doch immer bedenken, daß es gottesdienstliche Gebäude sind, und uns in die Empfindungen derer hineinversetzen, die dorthin gehen zum Gottesdienst und nicht zum Dienste der Schönheit. Dann werden wir es wohl verstehen, daß man die nackten Gestalten Michel Angelos in einer Kirche und Kapelle nicht für anständig gehalten und sie, um sie nicht ganz entfernen zu müssen, veranständigt hat. Dem, was sie sonst über alle Anstandsbedenken erhebt, ihrer künstlerischen Vollendung, soll man sich in einer Kirche, die man zum Gottesdienst betritt, nicht ganz hingeben. Der Kult der Schönheit mag auch eine Religion sein, aber er ist nicht die christliche Religion.

[29]) S. unten Anm. 47. Anderer Meinung Roeren auf dem Kongreß zur Bekämpfung der unsittlichen Literatur in Köln 1894, Bericht dieses Kongresses S. 45—47.

[30]) Über Schamgefühl und Anstandsgefühl vgl. Ellis a. a. O. 101. Kohler, ZStW. 7, 47 f., besonders 57, unterscheidet zwar Sittlichkeit und Konvenienz, nicht aber Verletzung des Schamgefühls von dem der Konvenienz. Er meint, daß schon die grobe gesellschaftliche Inkonvenienz zur Unzüchtigkeit führen könne. Liszt, Lehrbuch des deutschen Strafrechts (8) 378 § 109, spricht von einer gröb-

lichen Verletzung des sittlichen Anstandes in geschlechtlicher Beziehung. Was dabei das Beiwort „sittlich" bedeuten soll, ist nicht ganz klar. Soll es bedeuten, daß Sittlichkeit und Anstand zugleich verletzt sein müssen? Dann läuft es wohl doch im allgemeinen darauf hinaus, daß das Schamgefühl verletzt wird. Doch gibt es Fälle des Unzüchtigen, wo wegen mangelnder Verantwortung weder das Sittlichkeits- noch das Anstandsgefühl verletzt wird; vgl. oben Kap. 3 S. 23 und unter Kap. 6 S. 43. Ferner aber ist „sittlicher Anstand" kein richtiger Ausdruck für „Anstand und Sittlichkeit". Es klingt so, als ob es einen durch die Sittlichkeit gebotenen Anstand als Unterart des Anstandes gäbe, was nicht der Fall ist. Das Zusammentreffen, daß etwas zugleich den Anstand und die Sittlichkeit verletzt, ist rein zufällig.

[31]) Vgl. RG. 27, 116; 32, 419; 33, 18, wo vom Gefühl für Scham, Sitte und Anstand die Rede ist. Ob sich freilich hier das Reichsgericht über das Verhältnis dieser drei Gefühle zueinander klar war, ist zweifelhaft.

[32]) Ellis a. a. O. 12 f., 85 f.

[33]) Vgl. Stendhal, De l'amour, chap. 26; Bernard Pérez, L'enfant de 3 à 7 ans, 4 éd. 1897, 234 f.; Moll, Das Sexualleben des Kindes, 228 f.

[34]) Hierüber finden sich treffende Bemerkungen im „Tagebuch einer Verlorenen" von Margarete Böhme, S. 284. Die schwere Zugänglichkeit des Schamgefühls gegen bloße Vernunfteinflüsse beachten die Psychologen meist nicht. Sie begnügen sich damit anzuführen, daß es sich nicht durch äußere Gebote beeinflussen lasse, was damit nicht zusammenfällt. So Lipps, Die ethischen Grundfragen (2) 190.

[35]) Vgl. Guyau, L'irréligion de l'Avenir, 254f.; Fabreguettes, Traité des délits politiques, 2 éd., II, 332 f.; Moll a. a. O. 227 f., 232 f.

[36]) Vgl. Westermarck, Die Geschichte der menschlichen Ehe, Kap. 3—6.

[37]) Auch wenn man sich Ehe und Familie beseitigt denkt, wäre völlige Freiheit in der Betätigung des Geschlechtstriebes undurchführbar. Gerade dann wird die Staatsgewalt um so energischer in das Geschlechtsleben eingreifen müssen, um Nachwuchs von der Art und in der Anzahl zu erhalten, wie es die Zukunft des Staates erfordert.

[38]) Dabei darf man sich doch nicht etwa die Griechen und die Römer der Verfallzeit als ein Volk vorstellen, das in geschlechtlicher Beziehung alles für erlaubt hielt, was der sinnlich-animalischen Natur des Menschen entspricht. Gewiß war die alte Ehrbarkeit der Sitten gelockert, gewiß waren von vornherein die Ansichten über das geschlechtlich Erlaubte freier gewesen als bei uns — aber von da bis zu einer allgemeinen Verehrung der Aphrodite Pandemos und der allgemeinen Vergötterung der Hetäre ist doch noch ein weiter Schritt. Phantasien, wie sie Pierre Louys in der Vorrede zu seiner „Aphrodite" gibt, zeigen zwar, was dem Verfasser als Ideal vorschwebt, nicht aber, wie es im Altertum wirklich war. Wer keinen geschichtlichen Sinn hat, findet dort eben, was er sucht, der eine ein Heldenzeitalter, der andere ein Lupanar. Vor allem hat der Grieche niemals die Verehrung des Weibes gekannt wie der Franzose — daran hinderte ihn schon die allgemeine Verbreitung der Knabenliebe. So waren

die Griechen erstens nicht so verkommen, wie sie sich der moderne Franzose vorstellt, zweitens — und das ist noch gewisser — waren sie auch da, wo sie verkommen waren, recht anders.

Bei den Römern haben die Frauen von jeher eine größere Rolle gespielt als bei den Griechen. Dafür waren die Sitten auch ursprünglich strenger; und wenn wir auch von Tacitus erfahren, daß in der Verfallzeit „corrumpere et corrumpi saeculum vocatur", so hat man dies doch gewiß niemals allgemein als erlaubt und harmlos angesehen.

39) Guyau a. a. O. 254 f.; Ellis a. a. O. 8 f. Allerdings denken diese wohl mehr an die Erregung des Schamgefühls durch Mißoffenbarung des eigenen Ichs in geschlechtlicher Beziehung als an die Verletzung des Schamgefühls durch andere.

40) Diese Gesichtspunkte deutet schon Tacitus an in der Germania Kap. 20 mit den Worten: Sera iuvenum venus .... nec virgines festinantur. Pares validaeque miscentur.

41) Hiermit hängt zusammen die schwächere Wirkung von Schriften in fremden Sprachen und der Gebrauch von fremdsprachlichen Ausdrücken für geschlechtliche Dinge. Vgl. unten Kap. 12 und 14.

42) Wegen des Schamgefühls in der Sprache vgl. Ellis a. a. O. 95 f. Über die Wirkung des Wortes, die es unabhängig von seiner Bedeutung oder doch außer ihr hat, ist manches geschrieben worden. Sehr interessant sind die Ausführungen hierüber in der „Ästhetik" von Dessoir, 359 f. Mauthner dagegen in seinen „Beiträgen zu einer Kritik der Sprache" redet daran vorbei, wo er von der Macht der Worte, vom Zusammenhang zwischen Geschlechtstrieb und Sprache und vom Euphemismus handelt (I S. 41 f., 43 f., 56 f.). Sogar bei der Behandlung des „Wortaberglaubens" (I S. 146—164) schilt er zwar auf diesen, gibt sich aber keine Mühe, ihn zu erklären.

43) Das behauptete der Reichstagsabgeordnete Müller-Meiningen in der Sitzung vom 15. März 1900 (StB., X L.-P., I. Session 6, 4709.)

44) Als Beispiel mögen die ebenso anmutigen wie unzüchtigen Verse Ovids aus dem zweiten Buch der Ars amatoria dienen (V. 719 f.):

Cum loca reppereris, quae tangi femina gaudet,
Non obstet, tangas quo minus illa, pudor;
Aspicies oculos tremulo fulgore micantes,
Ut sol a liquida saepe refulget aqua,
Accedent questus, accedet amabile murmur,
Et dulces gemitus aptaque verba loco.

45) Vgl. Ellis a. a. O. 86.

46) Vgl. Motive zum Entwurf eines Strafgesetzbuchs für den Norddeutschen Bund, StB. des Reichstages des Norddeutschen Bundes, I. Leg.-Per., Session 1870, Bd. 3, 67 f. und Begründung zum Regierungsentwurf vom Februar 1899, StA. des Deutschen Reichstags X. Leg.-Per., I. Session, Anlagebd. 2, 989 f.

47) Die ausländische Strafgesetzgebung über anstößige Schriften und Darstellungen — worüber zu vergleichen Mittermaier a. a. O. S. 1 f. und Schlecht-

riem a. a. O. S. 11 f. — stellt derartige Vergehen meist wie bei uns unter die Straftaten gegen die Sittlichkeit, so Belgien (StGB. vom 8. 6. 1867), Japan (dgl. vom 23. 4. 1907), Italien (dgl. vom 30. 6. 1889), Mexiko (dgl. 7. 12. 1871), Niederlande (dgl. 3. 3. 1881), Norwegen (dgl. 22. 5. 1902), Österreich (dgl. 27. 5. 1852) und der Vorentwurf eines Schweizerischen Strafgesetzbuchs von 1893. In Frankreich sind die entsprechenden Bestimmungen eingeordnet in das Gesetz über die Presse vom 29. 7. 1881, Art. 28 und 23, mit seinen Novellen vom 2. 8. 1882 und 16. 3. 1898. Hier also ist für die Einordnung der Gesichtspunkt der allgemeinen Zugänglichkeit für das Publikum maßgebend gewesen.

Bei den Straftaten des ausländischen Rechts, die unserem § 184 entsprechen, handelt es sich um dreierlei: erstens, welche Gegenstände werden betroffen?, zweitens, welche Eigenschaft dieser Gegenstände?, drittens, welche damit vorgenommenen Handlungen? Die Gegenstände sind immer Schriften, wenn auch nicht gerade von jeder Art, ferner Abbildungen, oft auch noch andere Sachen. Die Handlungen sind bestimmte oder alle Arten der Verbreitung und der Vorbereitung hierzu. Uns interessieren hauptsächlich die Eigenschaften der Gegenstände. In den meisten Gesetzgebungen handelt es sich da um etwas, das unserem Begriff des Unzüchtigen sehr nahe, mitunter auch ganz genau entspricht. So spricht Belgien in Art. 383 von „contraires aux bonnes mœurs". Frankreich spricht im Gesetz vom 16. 3. 1898, das sich bezieht auf Schriften außer Büchern, auf Anschläge, Zeichnungen, Stiche, Gemälde, Embleme, Figuren, Gegenstände und Bilder, von „obscènes ou contraires aux bonnes mœurs", England im Act. 14, 15 Vict. cap. 100, XXIX. von „obscene". Das dänische und das norwegische Strafgesetzbuch gebrauchen den Ausdruck „utugtig", was wörtlich unserem „unzüchtig" entspricht; das schwedische gebraucht den Relativsatz „som tukt och sedlighed sårer", das heißt „die Zucht und Sitte verletzen". Im japanischen Strafgesetzbuch findet sich ein Ausdruck, der von dem Staatsanwalt Dr. Shigema Oba mit „unsittlich" übersetzt wird, aber wohl dasselbe bedeutet wie „unzüchtig". Der Schweizer Vorentwurf von 1893 hat geradezu unser Wort „unzüchtig"; ebenso das geltende Züricher Strafgesetzbuch (§ 124).

Andere Strafgesetzbücher lauten zwar ähnlich, behandeln das Unzüchtige aber nicht als Eigenschaft des Werkes, sondern als Eigenschaft der damit verübten Handlung. So bestraft Italien (Art. 339) den „chi offende il pudore con scritture", also die Verletzung des Schamgefühls durch Schriften, was aber so ausgelegt zu werden scheint, als müsse das Unzüchtige eine Eigenschaft der Schrift sein. So sagen Comous und Luschi in ihrem Kommentar bei Art. 339: Occorre però che la scrittura sia, o in sè stessa o per le sue evidenti allusioni, oscena sì da offendere la pubblica decenza e il sentimento di pudore. Österreich (§ 516) bestraft den, der „durch bildliche Darstellungen ... die Sittlichkeit oder Schamhaftigkeit ... verletzt"; Frankreich im Gesetz vom 29. 7. 1881 (Art. 28, 23), das für Bücher noch in Kraft ist, l'outrage aux bonnes mœurs commis par des écrits vendus usw., also die Verletzung der guten Sitten durch den Verkauf von Schriften usw. Auf den Unterschied, den diese Fassungen gegenüber unserem Gesetz sowie der zuerst genannten Reihe von Gesetzbüchern bieten, komme ich noch im Text Kap. 15 S. 81 zurück. Schon beim österreichischen und beim schwedischen Strafgesetzbuch kann man zweifeln, ob das Gebiet der einschlägigen Bestimmungen nicht erheblich weiter ist als das des Unzüchtigen. Sicher ist dies der Fall beim niederländischen Strafgesetzbuch, das im Art. 240 den mit Strafe bedroht, der verbreitet „eenige voor de eerbaarheid aanstootelijke afbeelding" usw., und in Art. 451 Nr. 3 noch besonders die öffentliche Ausstellung derartiger „woorden of teekeningen" (Worte und Zeichnungen) verbietet. Noch deutlicher drückt sich das New-Yorker Strafgesetzbuch aus, wenn es spricht von „obscene or indecent book" usw. Es betrifft also nicht nur unzüchtige, sondern auch bloß unanständige Werke. Solcher Ausdehnung der Strafbarkeit stehen, wie wir schon gesehen haben, schwere Bedenken entgegen. England (14 a. 15 Vict. Cap. 100 rect. 29, dazu 20 a. 21 Vict. Cap. 83) verpönt „any obscene book, print, picture or other indecent exhibition". Das scheint sich auf „unzüchtige" Werke zu beschränken, wird aber von der englischen Rechtsprechung so ausgelegt, daß es sich auch auf unanständige und selbst unmoralische Werke bezieht. (Vgl. Sweet, A dictionary of English Law S. 568 und Encyclopaedia of the Laws of England, Vol. X S. 113 f.; Odgers, A digest of the Law of Libel and Slander, 1905, S. 473 f.; abweichend Stephen, A digest of criminal law S. 105.) Manche Strafgesetzbücher haben neben der Bestrafung unzüchtiger Werke noch eine mildere Strafe für öffentlich kundgegebene unanständige Werke, so Norwegen in § 376. Nicht aber gehört hierher Art. 490 des italienischen StGB., wie Roeren (vgl. oben Anm. 29) meint, da dieser Artikel nur unanständige Handlungen, nicht Schriften oder Darstellungen betrifft. Vgl. hierzu Comous und Luschi a. a. O. Anm. zu Art. 339 S. 490 und Negri in Enciclopedia del diritto penale Bd. 10 S. 1012 f.

[48]) So RG. 24, 366.

[49]) Ähnlich schon C. F. W. J. Haeberlin, Grundsätze des Kriminalrechts, (1848) III, 317 f. Vgl. für das norwegische Strafrecht die gute Ausführung von Hagerup a. a. O. 182, über den Begriff „utugtig".

[50]) Hatzipetros, Der Begriff der unzüchtigen Schrift und ihrer Verbreitung, 20 (eine wenig selbständige Arbeit). Vgl. auch Wolff, Was ist unzüchtig? 19 f., 36.

[51]) Kap. 19 S. 102, Kap. 6 S. 44.

[52]) Schauer a. a. O. 17; Hatzipetros a. a. O. 21.

[53]) Kap. 13 S. 68.

[54]) Von den Erklärungen des Unzüchtigen, die von den unsrigen abweichen, mögen hier die folgenden erwähnt werden; sie finden sich in der Literatur, nicht in der Rechtsprechung, die ganz allgemein der hier angenommenen Auffassung des Reichsgerichts folgt.

Schauer, Zum Begriff der unzüchtigen Schrift, S. 18, 25, 30, fordert für den Begriff des Unzüchtigen, daß es korrumpierend auf die Sitten wirkt, oder doch, daß dieses Erfordernis neben der Verletzung des Schamgefühls besteht. Dabei ist nicht ganz klar, ob beide Erfordernisse alternativ oder kumulativ vorliegen müssen. Wenn aber auch die Gefahr, daß die geschlechtliche Sittlichkeit leidet, ein wesentlicher Grund für den strafrechtlichen Schutz des Schamgefühls ist, so eignet sich doch dieser Umstand nicht als Voraussetzung der Strafbarkeit. Handelt es sich nur darum, ob ein Werk geeignet ist, in weiteren Kreisen sittenverderbend zu wirken, oder auch, ob eine solche Wirkung zu befürchten ist, so trifft das zu auf alle Fälle der Verletzung des Schamgefühls, denn, wie wir gesehen haben, ist jede solche Verletzung geeignet, die geschlechtliche Sittlichkeit durch Abstumpfung des Schamgefühls zu beeinträchtigen. (Vgl. das englische Urteil R. v. Hichlin, angeführt in der Encyclopaedia of the Laws of E., Vol. X S. 113.) Soll aber neben der Verletzung des Schamgefühls im einzelnen Falle noch festgestellt werden, ob tatsächlich die Sitten bestimmter Personen einer nahen Gefahr der Verderbnis ausgesetzt waren, so stellt das eine unmögliche Zumutung an das Gericht oder führt zur Willkür, und dann wird dabei die große Bedeutung, die das Schamgefühl als solches für die Sittlichkeit hat, unterschätzt. Soll aber solche Feststellung alternativ genügen, so setzt es Werke wie die der Ellen Key und Schriften, die neumalthusianische Maßregeln empfehlen, der Strafverfolgung aus, wenn der Richter sie als verderblich für die geschlechtliche Sittlichkeit ansieht. Der wissenschaftliche Ernst solcher Schriften könnte dann ihre verderbliche Wirkung nur verstärken und ihre Strafbarkeit nicht beseitigen.

Aus gleichem Grunde sind auch solche Erklärungen des Unzüchtigen unzutreffend, die die Absicht, einen geschlechtlichen Reiz auszuüben oder die Aufforderung zur Begehung unzüchtiger Handlungen in sich schließen. Solche Begriffsbestimmung gibt Binding (ZStW. 2, 461 f.) und ihm folgend Hatzipetros a. a. O. 20 sowie Porret a. a. O. 485. Diese betrachten als unzüchtige Schriften nur solche, die im wesentlichen dazu bestimmt erscheinen, entweder unzüchtige Handlungen darzustellen oder dazu aufzufordern. Nun kann aber eine Schrift sehr wohl zur freien Liebe, also zur unzüchtigen Handlung des außerehelichen Geschlechtsverkehrs, auffordern und doch nicht unzüchtig sein, weil sie dies in ernster, vornehmer Weise und in edler Form tut. Dann nennt es niemand unzüchtig, auch der nicht, der daran den größten sittlichen Anstoß nimmt und es deshalb als unsittlich bezeichnet, und zwar deshalb nicht, weil sein Schamgefühl unverletzt bleibt. Was die Darstellung unzüchtiger Handlungen anlangt, so wird diese zwar für gewöhnlich unzüchtig sein, aber doch dann nicht, wenn sie durch ein besonderes Interesse gerechtfertigt ist. Wir werden im Kap. 12 sehen, daß gerade dann auch das Schamgefühl nicht verletzt wird. Ferner aber erschöpfen die beiden genannten Gruppen von Fällen nicht den Begriff des Unzüchtigen. Binding hat dies auch erkannt und daher in seinem Lehrbuch des Strafrechts, Besond. Teil (2), I 215, als dritte Gruppe von unzüchtigen Werken die hinzugefügt, die im wesentlichen bestimmt sind, die geschlechtliche Sinnlichkeit zu reizen. Im Kap. 7 werden wir sehen, daß diese Eigenschaft, wenn auch meist bei den unzüchtigen Werken vorhanden, doch für sie nicht wesentlich ist. Auch können Werke, die keine der drei Alternativen erfüllen, doch unzüchtig sein, z. B. wenn sie gerade den Zweck haben, das Schamgefühl zu verletzen oder sich einfach darüber hinwegsetzen. Was aber noch besonders gegen die Bindingsche Erklärung spricht, ist das Fehlen eines einheitlichen Gesichtspunktes bei den verschiedenen Alternativen.

Die Erklärungen, die neben der Verletzung des Schamgefühls noch die Anreizung der Sinnlichkeit erfordern (wie z. B. Frank, Strafgesetzbuch 303), werden unten in Kap. 7 gewürdigt werden.

[55]) Vgl. Liszt a. a. O. 378; Meili, Goltd. Arch. 46, 187.

[56]) Vgl. RG. 4, 89 (= R. 3, 52), RG. 8, 130, und dagegen jetzt RG. 32, 418. Doch findet sich schon in der Entsch. vom 15. 12. 1879 (R. 1, 149) die richtige Ansicht.

[57]) Vgl. Mittermaier a. a. O. 7.

[58]) Kap. 22.

[59]) Betont von Kohler, ZStW. 7, 64. Ob beide ganz gleichwertig sind, darauf kommt es hier nicht an. Ich möchte mich eher für die Sittlichkeit entscheiden. Denn ein sittliches Volk ohne Kunst hat Aussicht auf Dauer und kann die Kunst gewinnen, ein Volk ohne geschlechtliche Sittlichkeit ist der Gefahr des Unterganges ausgesetzt, und keine Blüte der Kunst kann es davor schützen. Es wird den Amerikanern leichter sein, die Kunst der Franzosen, als diesen, die sittliche Festigkeit der Amerikaner zu erlangen. Doch das steht fest, daß die Förderung unserer Kultur bei ihrem jetzigen Stande ohne die Kunst unmöglich ist.

[60]) Frankfurter Zeitung vom 20. März 1908.

[61]) Pierre Louys, Aphrodite, Préface.

[62]) Fuchs, Geschichte der erotischen Kunst, 59, 90, ein im übrigen verdienstvolles und hier noch öfter angeführtes Werk.

[63]) Vgl. Kohler, ZStW. 7, 47 f., 52 f. In wohl übertriebener Weise wird die Bedeutung der Sinnlichkeit für die Kunst hervorgehoben von Fuchs a. a. O. 62, 64 f., 67 f. Vgl. auch Frank, Strafgesetzbuch 303 über den Fall, daß durch ein Werk ein geschlechtlicher Reiz nur zu künstlerischen Zwecken geweckt werden soll.

[64]) Vgl. Hagerup a. a. O. 182.

[65]) Abgebildet bei Fuchs a. a. O. 59. Hierher gehört auch eine dort S. 15 abgebildete Gruppe, Faun und Nymphe, die ästhetisch von hervorragender Schönheit und dabei nicht nur unzüchtig, sondern grob unzüchtig ist. Ob sie freilich antik ist und nicht erst der Renaissance angehört, ist nach der Abbildung nicht unzweifelhaft. Nähere Angaben über ihre Auffindung und ihren jetzigen Platz fehlen.

[66]) Vgl. aber die Äußerungen RG. 37, 315, bei Schauer a. a. O. 40 f., Schlechtriem a. a. O. 37, Fabreguettes a. a. O. 349 § 252. Hierher gehört auch der im Vorwort erwähnte Satz aus der Begründung des Urteils des Seine-Tribunals vom 7. 2. 1857 gegen Gustave Flaubert im Falle „Madame Bovary“, abgedruckt in der Edition définitive dieses Romans von 1908 (Bibliothèque Charpentier), auch zum Teil bei Fabreguettes a. a. O. 352.

[67]) So z. B. RG. 21, 306; 27, 115; 29, 134; 31, 261; 32, 419; 33, 18 usw.

[68]) Kap. 3 S. 23.

[69]) RG. 33, 19; Olshausen, Kommentar (8), Note 5 b zu § 42 StGB. Vgl. unten Kap. 8.

[70]) Vgl. Stephen, A Digest of the Criminal Law, S. 105 Anm. 2.

[71]) Mit Unrecht zählt Schauer a. a. O. 37 solche Werke, die geschlechtliche Promiskuität predigen, ohne weiteres zu den unzüchtigen Schriften. Gewiß, sie können dazu gehören, aber dann nicht wegen ihres Inhaltes, sondern wegen ihrer Form. Versteht man die Schriften von Helene Stöcker in solchem Sinne, so wird man sich doch sofort klar sein, daß wir mit „unzüchtig" etwas ganz anderes bezeichnen, mag man ihre Lehre für so verwerflich halten, wie man will. Ebenso ist es mit Arzibatscheffs Roman „Ssanin", wenigstens in der Übersetzung von Villars. Auch wenn man annimmt, daß der Verfasser darin die freie Liebe predigt und seinen Einfluß für sittlich noch so verderblich hält, so halten sich doch die Erzählung und die Gespräche der handelnden Personen so sehr innerhalb der gebotenen Grenzen in der Form, daß man von einer unzüchtigen Schrift nicht sprechen wird. Wenn RG. 32, 419 sagt, der § 184 habe den Zweck, die im Volke allgemein bestehenden Begriffe von Scham, Sitte und Anstand in geschlechtlichen Dingen dagegen zu schützen, daß ein einzelner sie verletze, so ist das wohl nur ein ungenauer Ausdruck, und es wird nicht an die Verletzung durch unsittliche Lehren und dergleichen gedacht. Denn die Sittlichkeit vor der Schädigung durch verderbliche Lehren zu bewahren, ist das Strafgesetz überhaupt nicht da. Was verderblich ist und was nicht, das wird von einem höheren Sitze aus entschieden als von der Sella curulis unserer Gerichtshöfe und von den Plätzen unserer Parlamente. Wer glaubt, die Erkenntnis der ewigen Wahrheit als persönliche Gabe von oben erhalten zu haben, der mag sich solches Richterspruches unterfangen; wer sich, wie Lessing, für nichts Besseres hält als für einen Kämpfer um die Wahrheit, der wird nie die straaatliche Strafgewalt benutzen, um vermeintliche Irrlehren zu unterdrücken. Das ist auch der tatsächliche Standpunkt der Gesetzgebung der Kulturstaaten, auch in Deutschland wieder, seit wir das Sozialistengesetz traurigen Andenkens überwunden haben. Wenn wir also, wie Schauer a. a. O. 56 sagt, mit Besorgnis sehen, wie wenige novarum rerum cupidi die gute alte Ordnung der Dinge durchbrechen wollen, so werden wir sie mit geistigen Waffen, meinetwegen mit Sittlichkeitskongressen bekämpfen, aber nicht die Hilfe des Strafrichters in Anspruch nehmen.

[72]) Vgl. Dollaz u. Vergé: Les cœles annotés. Code Pénal. Appendice 171; Schlechtriem a. a. O. 25 f., 28; auch RG. 3. 4. 1909; JW. 294.

[73]) Kap. 19.

[74]) Ich kann hier nicht umhin, das Wort eines geistreichen Schriftstellers anzuführen, dessen Name — ich glaube, es ist ein Engländer — mir leider nicht gegenwärtig ist. Es lautet etwa so: Ein wissenschaftliches Problem gleicht nicht der Linie, die nur eine Richtung hat, sondern einem Körper, in dem mehrere Linien an einem Punkte zusammenstoßen. Da aber eine wissenschaftliche Untersuchung sich nur in Linienform vorwärtsbewegen kann, so muß sie notwendigerweise bisweilen an einen früher berührten Punkt zurückkehren, wenn sie ihr Problem erschöpfen will. Sie kann es daher — wäre hinzuzufügen — auch nicht immer vermeiden, Begriffe zu verwenden, die sie erst bei einer solchen Rückkehr erklären kann. Sollte ein Leser den Namen jenes geistreichen Mannes kennen, würde ich für die Mitteilung dankbar sein.

[75]) RG. 37, 317 und RG. 14. 5. 09; JW. 512. Vgl. auch Olshausen, Kommentar zum StGB., (8) I, Note 2 b zu § 184.

[76]) Vgl. Chassan, Traité des délits ... de la parole etc. 7 éd., I, 315 f.; Bazille u. Constant, Code de la Presse, 185; Dalloz u. Vergé a. a. O. Note 4, 8, 22; Dutruc, Explication pratique de la loi du 29. 7. 81 S. 106 Fabreguettes a. a. O. II, 332, 351, der aber doch S. 352 nicht unbedingt daran festhält; Georges Barbier, Code expliqué de la Presse, I, 311, der genügen läßt „l'intention perverse de s'adresser principalement à l'esprit de luxure et de débauche; auch der Belgier Ch. Laurent: Ètudes sur les délits de Presse, 212 f. Ähnlich wird das englische Wort „obscene" definiert von Sweet, Dictionary of English Law, 568. Die Regierungsvorlage zum französischen Gesetz vom 16. 3. 1898 (s. oben Anm. 47) hatte den Ausdruck „obscènes ou de nature à exciter la débauche". Auf Veranlassung der Kommission der Deputiertenkammer lautet die Stelle im Gesetz: „obscènes ou contraires aux bonnes mœurs". In der Begründung heißt es von diesen Worten: „qui lui ont paru constituer une formule plus large, plus générale et en même temps plus juridique. (Recueil général des lois et des arrêts ann. 1898, II, 561 f.)

[77]) Liszt, Lehrbuch (16, 17) verlangt, daß das Werk stets auf Erregung des Geschlechtstriebes gerichtet sei, ebenso Frank a. a. O. 303; ferner aus älterer Zeit Villnow im Gerichtssaal (1878), 30, 158; auch Hälschner, Das gemeine deutsche Strafrecht (1887) II, 697; Klöppel, Das Reichsstrafrecht (1891), 432. Binding, Lehrbuch, a. a. O. 215, nennt dasselbe Erfordernis alternativ neben andern. Vgl. Anm. 54. Bei der Beratung der Lex Heinze haben sich mehrere Reichstagsabgeordnete für dieses Erfordernis erklärt, so der Abg. Heine in der Sitzung vom 6. 2. 1900 und der Abg. Müller (Meiningen) in der vom 15. 3. 1900 (StB. X. Leg.-Per., I. Session, 5, 3921 und 4709).

[78]) RG. 31, 261; vgl. auch E. vom 2. 5. 1895, Goltd. Arch. 43, 115 und die vom 9. 12. 1907, JW. 1908, 159. Wenn RG. 33, 18 anscheinend die Erregung der Lüsternheit als gleichwertig neben die Verletzung des Schamgefühls stellt, so beruht das wohl nur auf einer Ungenauigkeit des Ausdrucks. Eine Abweichung von der erstgenannten Entscheidung ist damit sicher nicht beabsichtigt.

[79]) Wie es zu halten ist, wenn nur ein Teil des Werkes strafbar ist, darüber s. unter Kap. 14.

[80]) Hälschner a. a. O. 698.

[81]) Vgl. RG. 33, 19.

[82]) Näheres hierüber bei Wolff a. a. O. 42 f.

[83]) Béranger, Nouvelle éd. populaire. Paris, Garnier Frères, ohne Jahreszahl, S. 157.

[83a]) Vgl. Howard, Clifford, Sex Worship, 4 ed, Chicago 1902.

[84]) Vgl. außer RG. 35, 133 auch E. des RG. vom 19. 10. 1880, Annalen des RG. II, 451 f. In der E. des RG. vom 2. 5. 1895 (Gold. Arch. 43, 115) handelte es sich um die Abbildung einer nackten Frau auf einer Zigarrentasche, die halb auseinandergezogen im Schaufenster lag und offenbar die Erwartung erwecken sollte, bei weiterem Herausziehen würden die Geschlechtsteile der Figur

sichtbar werden, was jedoch nicht der Fall war. Das RG. verneint die Unzüchtigkeit der Darstellung, da die objektive Beschaffenheit in Verbindung mit den die Ausstellung äußerlich begleitenden Umständen nichts Schamverletzendes ergäbe, und die lüsterne Erwartung des Beschauers nicht maßgebend sei. Aber wenn es auf solche Erwartung abgesehen und dies aus der Darstellung erkennbar war, so fehlte es nicht an der objektiven Eigenschaft des Unzüchtigen. Daran würde wohl niemand zweifeln, wenn zwei Menschen abgebildet gewesen wären, von denen die Füße, Köpfe und dergleichen in der Art sichtbar wären, daß man dabei an den Begattungsakt denken sollte und müßte, während sich, wenn das Bild ganz aufgedeckt würde, irgendein harmloser Vorgang ergäbe. Richtig ist die genannte E. nur deshalb, weil die bloße Nacktheit in so entfernter Beziehung zum Geschlechtlichen steht, daß eine Darstellung, die sie nicht wiedergibt, sondern nur erraten läßt, nicht schamverletzend wirkt. Beispiele sind die durch Papierstreifen zum Teil verdeckten nackten Photographien in zahlreichen Bilderläden niederen Ranges.

[85]) Ein Beispiel bietet Fuchs a. a. O. 398.

[86]) ZStW. 2, 466.

[87]) ZStW. 7, 47 f., besonders 58, 61.

[88]) RG. 37, 315, ferner E. vom 29. 9. und 25. 10. 1905 im Recht 9, Nr. 2510 S. 597 und Nr. 2778 S. 652, vom 9. 12. 1907, 14. 4. und 12. 5. 1908, JW. 1908, 159, 575, ferner RG. 14. 5. 1909 JW. 512. Wohl nur ungenau in der Fassung ist die scheinbar abweichende E. vom 20. 6. 1907, JW. 1908, 159.

[89]) Unten Kap. 17 S. 92.

[90]) Binding a. a. O. 461, 466.

[91]) Vgl. RG. vom 9. 12. 1907 in JW. 1908, 159. Ähnlich schon E. des OTr. vom 19. 6. 1874 in Gold. Arch. 22, 60 und bei Oppenhoff, Rechtsprechung 15, 430.

[92]) E. des RG. vom 29. 9. 1905 im Recht 9, 597.

[93]) Das RG. sagt in einigen Entscheidungen — so in denen vom 20. 6. 1907 und 4. 1. 1908, JW. 1908, 159 und 378 —, Bilder nackter Personen seien unzüchtig, wenn sie erkennbar nicht ausschließlich zu einem Zwecke hergestellt seien, bei dessen Verfolgung die sinnliche Empfindung zurückgedrängt werde. Damit soll aber nicht gesagt sein, daß ein Zweck, der auf Erregung der Lüsternheit geht, ein Werk stets zu einem Unzüchtigen mache. Das RG. spricht dort nur vom Nackten, und da dürfte seine Bemerkung im allgemeinen zutreffen. Vgl. unten Kap. 20 S. 128.

[94]) Wohl zu unterscheiden vom wissenschaftlichen und künstlerischen Zweck ist der wissenschaftliche und künstlerische Wert eines Werkes. Dieser kann ganz gering sein, selbst fehlen, und doch kann die betreffende Tendenz doch deutlich sein. Immerhin kann der vorhandene oder fehlende Wert ein Beweisanhalt für die Tendenz abgeben. Vgl. Kohler a. a. O. 60, RG. vom 14. 4. 1908, JW. 574. Vgl. unten Anm. 177.

[95]) Vgl. RG. vom 25. 10. 1905 im Recht 9, 597 und JW. 1906, 244, auch RG. vom 30. 10. 1905 JW. 1906, 244 und vom 28. 5. 1909 JW. 512; auch die bei Odgers a. a. O. S. 476 angeführten englischen Urteile.

[96]) RG. vom 14. 4. 1908 JW. 574.

[97]) RG. vom 4. 11. 1894 Goltd. Arch. 42, 85 f.; 2. 10. 1908 JW. 760.

[98]) Hierher mag man vielleicht die Stelle von der Banane aus Tausend und eine Nacht rechnen, die Ellis a. a. O. 237 Anm. 2 anführt.

[99]) Stratz, Die Schönheit des weiblichen Körpers (11) S. 8.

[100]) Vgl. Schauer a. a. O. 45.

[101]) Das meint Binding, ZStW. 2, 465, ähnlich Meili im Goltd. Arch. 46, 186.

[102]) Kap. 19 S. 112.

[103]) Kap. 5 S. 39, 40. Vgl. RG. vom 14. 4. 1908 JW. 575.

[104]) Kap. 14 S. 78. Vgl. auch oben Anm. 41 und Schauer a. a. O. 45.

[105]) Piacevoli notti, Notte 2 fav. 2.

[106]) Fabreguettes a. a. O. 349.

[107]) Kap. 5 S. 42.

[108]) Vgl. Rathenau, Reflexionen (2) 1908, S. 41 f.

[109]) Kap. 5 S. 42. Fuchs a. a. O. 15, 59.

[110]) Kap. 16 S. 90.

[111]) Vgl. oben S. 64, unten Kap. 14 S. 78.

[112]) Vgl. RG. 8, 131; RG. vom 14./4. 08 JW. 575; Kohler a. a. O. 60; von kulturgeschichtlichen Büchern handelt RG. vom 23. 4. 1906 JW. 606.

[113]) Davon handelt RG. 27, 115. Vgl. auch RG. 23, 390; ferner Le Poittevin, Traité de la Presse II, 164.

[114]) So die treffende E. des RG. vom 8. 1. 1903, Goltd. Arch. 50, 125 f.; dagegen bringt RG. 4, 91 die beiden im Text unterschiedenen Fragen durcheinander.

[115]) Vgl. Le Poittevin a. a. O. 164. Verfehlt ist die Behandlung der Frage bei Porret a. a. O. 478.

[116]) RG. 8, 131; vgl. Villnow, Gerichtssaal 30, 106 f.

[117]) Vgl. hierüber Meili, Goltd. Arch. 46 (1898), 185 f., besonders 188, auch Binding, ZStW. 2 (1882), 462.

[118]) Dieser Meinung ist Schauer a. a. O. 50 und Hatzipetros a. a. O. 24; offenbar auch RG. vom 4. 12. 1905 JW. 1906, 244.

[119]) So RG. 23, 389 f.

[120]) Vgl. RG. 23, 391.

[121]) III 1, III 10, V 4.

[122]) Vgl. RG. vom 8. 1. 1903, Goltd. Arch. 50, 125 f.

[123]) Der anstößige Teil des Bildes ist abgebildet bei Fuchs a. a. O. S. 23, das ganze große Bild ist wiedergegeben in Alwin Schulz' Kunstgeschichte Bd. 3, doch ziemlich undeutlich. Fuchs nennt a. a. O. S. 90 die Handlung des jungen Mannes auf dem Bilde „von unserer modernen Auffassung aus gesehen, äußerst unzüchtig" und fügt hinzu: „Aber man muß schon ein schmutziger Zelote sein und vollständig abgestumpft gegen alle zart und naiv klingenden Akkorde, wenn man beim Anblick dieser Szene auf gemeine sinnliche Gedanken kommt und der Weihe nicht teilhaftig wird, die alles dieses als etwas Heiliges empfinden läßt."

Ob solche Schwäche wirklich so schwere Zurechtweisung verdient, mag dahinstehen. Jedenfalls hat das nichts mit der Frage zu tun, ob das Bild das Schamgefühl verletzt. Vielleicht verdient auch jener „schwächere Bruder" mehr die Rücksicht des Gesetzgebers als der Ästhet, dessen Schwäche darin liegt, daß er über der Versenkung in ästhetische Genüsse einen großen Teil seines Schamgefühls eingebüßt hat.

[124]) Die Wichtigkeit des inneren Zusammenhanges für unsere Frage zeigt sich nicht nur bei dem Verhältnis der Teile zum Ganzen und bei der Bearbeitung einer Schrift, sondern auch sonst vielfach, z. B. bei der Verbindung einer Schrift mit einer Illustration. Indessen empfiehlt es sich nicht, den inneren Zusammenhang und seine Bedeutung selbst im Zusammenhange vorzuführen. Oft nämlich hat ein äußerer Zusammenhang, wie z. B. die Aufschrift auf einem Bilde, dieselbe Wirkung wie der innere, z. B. die Illustration eines Vorganges in einem Schriftwerk durch ein Bild, und wenn man so nahe Zusammengehöriges trennte, so würde die Darstellung an Übersichtlichkeit verlieren. Auch sonst gehört manches besser zusammen, wobei der innere Zusammenhang hier eine Rolle spielt und dort nicht, z. B. die Bearbeitung durch Veränderung des Zusammenhanges und die durch Übersetzung. Ich ziehe es daher vor, dem inneren Zusammenhang keine zusammenhängende Darstellung zu widmen und meine Untersuchung lieber nach praktischen Gesichtspunkten zu gliedern. Doch nehme ich hier Gelegenheit zu dem Hinweis, daß sich die Frage der Unzüchtigkeit von Teilen eines Ganzen niemals beurteilen läßt, ohne daß man den inneren Zusammenhang prüft. Vgl. RG. 27, 115, auch 23, 390.

[125]) RG. 29, 133. Irrtümlich bezeichnet das RG. hier die einzelnen Nummern einer Zeitung als Schrift im Sinne des § 184. Sie bildet vielmehr eine Mehrheit von Schriften, da darin ganz unzusammenhängende selbständige Aufsätze stehen.

[126]) Fabreguettes a. a. O. II 370 Nr. 262.

[127]) Vgl. Meili a. a. O. 185 f., insbes. 188; Binding, ZStW. 2, 462; auch RG. 4, 90.

[128]) Kapit. 13 S. 73.

[129]) Binding a. a. O. 450 f., besonders 471, prüft gar nicht die Frage der Selbständigkeit der einzelnen Novellen, sondern setzt voraus, daß sie auch ohne Rahmen ein Ganzes bilden.

[130]) Kap. 12 S. 64.

[131]) Kap. 3 S. 34.

[132]) So RG. 24, 367, 37, 316; vgl. auch RG. vom 1. 3. 1908, JW. 379 und vom 14. 5. 09 JW. 512. Den Unterschied der Wirkung von Original und Wiedergabe verkennt Ch. Laurent, Études sur les Délits de Presse (Bruxelles 1871). Er fragt: Qui donc essayera sérieusement de faire entrer dans cette .catégorie (des images contraires aux bonnes mœurs) les reproductions artistiques qui mettent les chefs-d'œuvres de la peinture et de la sculpture à la portée de l'admiration du public?

[133]) So schon Haeberlin, Grundsätze des Kriminalrechts (Leipzig 1848) III, 318.

[134]) RG. 24, 365; 27, 115. Vgl. auch Kohler, ZStW. 7, 63 f.

[135]) Vgl. oben Anm. 46.

[136]) So RG. 24, 368; 37, 317, RG. vom 20. 6. 1907 JW. 1908, 159. Unrichtig oder sehr unklar RG. 21, 306.

[137]) RG. 24, 368, ähnlich 4, 89; auch RG. vom 9. 12. 1907, JW. 1908, 159.

[138]) Das ergibt besonders die E. vom 9. 12. 1907 JW. 1908, 159.

[139]) Es ist also nicht richtig, die relativ unzüchtigen Werke als an sich neutral zu bezeichnen, wie Schlechtriem a. a. O. 40.

[140]) Le Poittevin, Traité de la Presse (Paris 1903) S. 165. Georges Barbier, Code expliqué de la Presse I (Paris 1887) S. 321.

[141]) Binding, ZStW. 2, 468 und Deutsches Strafrecht, Besonderer Teil (2) 1, 216; auch Schauer a. a. O. 36, Hatzipetros a. a. O. 36.

[142]) Das hebt hervor Hatzipetros a. a. O., während die andern Schriftsteller dies mehr im unklaren lassen.

[143]) Vgl. oben Kap. 8 und RG. 26, 372. Wenn ein relativ unzüchtiges Werk, z. B. ein Bild, das erst durch seine Umgebung im Schaufenster schamverletzend wirkt, verfolgt wird, so kann man fragen, wieweit dann nach § 41 II StGB. die Unbrauchbarmachung solcher Exemplare erfolgen kann, die im Besitze des vom Täter verschiedenen Verfassers, Druckers, Herausgebers, Verlegers, Buchhändlers usw. sind. Die Antwort lautet: Nur diejenigen Exemplare sind unbrauchbar zu machen, die gleichfalls relativ unzüchtig sind, oder richtiger diejenigen, die es zufolge der Begründung des Urteils sind. Hat also das Gericht die Unzüchtigkeit nur angenommen mit Rücksicht auf die Umgebung des Bildes im Schaufenster, so können nicht einmal gleiche Bilder, die der selbe Täter im Laden feilhält, unbrauchbar gemacht werden, geschweige denn solche Bilder bei andern Händlern. Allerdings wäre letzteres möglich, wenn die Bilder bei den andern Händlern in ganz derselben Weise im Schaufenster ausgelegt wären; aber bei der großen Verschiedenheit der hier in Betracht kommenden individuellen Umstände wird sich zu einem solchen Ausspruch nicht leicht Gelegenheit finden.

[144]) Vgl. RG. 24, 368.

[145]) So RG. vom 3. 10. 1880 in Annalen des RG. 2, 451; ferner RG. vom 20. 3. 1902, Gold. Arch. 49, 138; A. M. Hatzipetros a. a. O. 26.

[146]) Anders Schauer a. a. O. 46, der nur das Bild einziehen lassen will. Das wäre richtig, wenn durch Entfernung des Titelblattes der schamverletzende Charakter des Buches beseitigt würde. Das ist aber nicht der Fall. Dieser Charakter liegt in der Behandlung des Geschlechtlichen mit unlauterer Tendenz, das Titelbild dient nur zu deren Erkenntnis und Nachweis, es verkörpert sie nicht allein. Der Umstand, daß das Werk als Ganzes unzüchtig ist, ist allerdings, wie oben bemerkt, nicht dafür entscheidend, ob nach § 41 III StGB. nur ein T e i l des Werkes unbrauchbar zu machen ist.

[147]) VII 9.

[148]) RG. 31, 261.

[149]) Von demselben Verfasser, Fuchs, ist bereits früher ein ähnliches Buch, „Geschichte der erotischen Karikatur", erschienen, dessen Inhalt teilweise Aufnahme in das neue Werk gefunden hat. Dieses ältere Buch hat den Gegenstand

einer Anklage aus § 184 gebildet; das Landgericht I Berlin hat die Schrift und die Abbildungen aber nicht für unzüchtig erachtet. Dieses Urteil ist in dem Vorwort zu dem neuen Werk auszugsweise abgedruckt. Es führt im wesentlichen aus, daß das Buch erkennbar eine wissenschaftliche Tendenz habe, daß diese sowohl den Text wie die Auswahl der Abbildungen beherrsche, daß letztere insbesondere als Belege für die Ausführungen des Verfassers notwendig seien und daß dieser Zusammenhang von Text und Bildern die Empfindung einer Schamverletzung nicht aufkommen lasse, daß auch der geeignete Weg gewählt sei, um die Verbreitung auf solche Leser zu beschränken, die es mit wissenschaftlichem Interesse benutzten. Für die wissenschaftliche Tendenz des Buches werden u. a. auch Umstände angeführt, die aus dem Werke selbst nicht erkennbar sind, was ich für unzutreffend halte, wenigstens für den objektiven Tatbestand. Im übrigen ist die Urteilsbegründung durchaus zutreffend.

[150]) RG. 24, 366. Vgl. oben Kap. 16. Sollte RG. vom 20. 3. 1902, Gold. Arch. 49, 138, anderer Meinung gewesen sein? In der genannten Wiedergabe bleibt dies im Dunkeln.

[151]) Vgl. Schauer a. a. O. 38, 49; Benz, Das Strafgesetzbuch für den Kanton Zürich (3), Zürich 1898, S. 113.

[152]) Wie man eine solche Mitberücksichtigung des Preises, d. h. die Berücksichtigung aller Umstände, unter denen das beanstandete Werk in die Erscheinung tritt, als leere schematische Verwendung einer Tatsache bezeichnen kann, wie Wolff a. a. O. 70 f., ist mir unverständlich. Dieser Vorwurf dürfte eher eine Behauptung treffen, der Preis sei nur für die zweifelhafte Absicht des Verbreiters wichtig.

[153]) Man denke an die ausländischen Strafen gegen öffentliche Trunkenheit, die der reiche Trunkenbold leicht, der arme kaum vermeiden kann. Eine wirkliche Beschränkung anstößiger Bilder auf den Kreis der Reichen war die im 18. Jahrhundert übliche doppelte Ausführung der Stiche vor und nach der Bedeckung, wodurch der unzüchtige Charakter nicht ausgeschlossen würde. Vgl. Fuchs a. a. O. 254.

[154]) S. oben Kap. 12 und 14. Vgl. Schauer a. a. O. 45.

[155]) Schauer a. a. O., der mit Recht einen Unterschied macht, je nachdem ein Artikel im Gil Blas, der 25 Centimes kostet, erscheint oder in einem Sous-Blatt.

[156]) RG. 37, 317.

[157]) Moll, Das Sexualleben des Kindes (1909) 240,; Fabreguettes a. a. O. 2, 336. Auch Roeren hat in der Reichstagssitzung vom 9. 3. 1899 die besonderen Gefahren unzüchtiger Bilder für Jugendliche hervorgehoben, StB. X. Leg.-Per. I. Session S. 1409.

[158]) Zu weit geht anscheinend in dieser Richtung RG. vom 9. 7. 1907, JW. 1908, 160.

[159]) Vgl. Ellis a. a. O. 6 f., Sergi im Archivio di Psichiatria 13 (1892), 1 f., Weininger, Geschlecht und Charakter, 257 f., u. a.

[160]) RG. vom 9. 12. 1907, JW. 1908, 159.

[161]) Kap. 6.

[162]) RG. 27, 116; 33, 18; ferner RG. vom 25. 10. 1905 und 9. 7. 1907, JW. 1906, 244; 1908, 160; und vor allem RG. 26, 373. Dieselbe Verwechslung bei Fabreguettes a. a. O. 348. Vgl. Binding, ZStW. 2, 467.

[163]) Vgl. Ch. Laurent, Études sur les délits de la presse 17 f., Fuchs a. a. O. 90.

[164]) S. oben Kap. 8.

[165]) Vgl. Staub, Kommentar zum Handelsgesetzbuch (8) 2, 1165, Anm. 3 zu § 347.

[166]) Vgl. die Reichstagsreden der Abgeordneten Müller-Meiningen und Träger in der Sitzung vom 6. 2. 1900, StB. X. Leg.-Per. I. Session Bd. 5, 3942 u. 3948. Auch Frank, DJZ. 1900, 237 f., der den Normalmenschen zwar im Zivilrecht, aber nicht hier gelten lassen will. Indessen, was ist der unbefangene Dritte, dessen Schamgefühl nach Frank, Strafgesetzbuch (5—7) 303, maßgebend sein soll, anders als ein Mensch, dessen Schamgefühl normal funktioniert, durch keine anormalen Umstände beeinflußt?

[167]) Zum Beispiel RG. vom 25. 10. 1905, 9. 7. 1907, 3. 4. 1909, JW. 1906, 244; 1908, 160; 1909, 294; Oppenhoff, Das Strafgesetzbuch (14) § 174 Note 1.

[168]) Stratz, Die Schönheit des weiblichen Körpers (11) 87.

[169]) Das verkennt RG. 32, 420, wenn es von einer Mittellinie redet, und gibt dadurch zu der berechtigten Kritik von Wolff a. a. O. 21 f. Anlaß. Weshalb übrigens die Frage, was normal ist, nur Tatfrage und nicht zugleich Rechtsfrage sein soll, wie das RG. annimmt, kann demjenigen, der die Frage durchdacht hat, nicht einleuchten. Auch das beanstandet Wolff S. 22 mit Recht.

[170]) RG. 32, 420; 37, 316 u. a.

[171]) So Wolff a. a. O. 19. Übrigens kann es dem Angeklagten niemals schaden, wenn man jemand zu den Auch-Normalen rechnet. Denn da das Unzüchtige, wie im Text ausgeführt werden wird, geeignet sein muß, das Schamgefühl *jedes* normalen Menschen zu verletzen, so kann es niemals entscheidend sein, ob jemand, dessen Schamgefühl *verletzt* wird, anormal ist, sondern nur, ob ein solcher anormal ist, dessen Gefühl *nicht* verletzt wird.

[172]) So Schlechtriem a. a. O. 42. Wolff a. a. O. führt die Frage eines Verteidigers an einen Bildhauersachverständigen an, ob jemand an einem gewissen Kunstwerk Anstoß nehmen könne und die Antwort: „Nur ein Schmutzfink, der selber nicht sittlich rein ist". Die Frage war ebenso unangebracht wie die Antwort. Der Künstler kann sich eben gar nicht in die Seele eines Menschen versetzen, der das Künstlerische nicht so empfindet wie er. Wahrscheinlich würde der Sachverständige auf die Frage, ob jemand, der kein Gefühl für Kunst habe und doch kein Schmutzfink sei, sich verletzt fühlen könne, ehrlich geantwortet haben, das könne er ebensowenig wissen, als was ein Hottentotte dabei empfinde. Nun ist freilich das, was ein solcher kunstfremder Mensch empfindet, nicht maßgebend, aber ebensowenig, was ein besonders kunstverständiger oder gar ein Künstler empfindet. Darum muß entschieden gegen die Vernehmung von Sachverständigen über die Verletzungsfrage, wie sie Wolff a. a. O. S. 65 wünscht, Verwahrung eingelegt werden. Das ist ebenso verfehlt, als wenn man über die Verwechs-

lungsfähigkeit zweier Warenzeichen für das Publikum einen Großkaufmann des betreffenden Geschäftszweiges vernehmen wollte, der die Zeichen mit ganz andern Augen ansieht als der unbefangene Konsument.

[173]) Vom Reichsgericht nur betont in E. vom 3. 4. 1909, JW. 294.

[174]) Vgl. das Zitat bei Ellis a. a. O. 7.

[175]) Für unser Recht trifft also nicht zu, was Fabreguettes a. a. O. 348 Note 1 (§ 252) sagt: „(Il faut) rechercher si la pudeur des femmes, des jeunes filles, des enfants qui peuvent ou auront pu voir, ne doit pas être froissée et polluée.“ Doch dürfte das auch für das französische Recht nicht stimmen und wird jedenfalls in der Praxis nicht befolgt.

[176]) Entsprechendes gilt von der Polizei und der Staatsanwaltschaft. Hiergegen scheint in dem von Wolff a. a. O. 24 angeführten Falle verstoßen worden zu sein.

[177]) Vgl. RG. vom 14. 4. 1908, JW. 574. Hier ist mit Recht betont, daß der wissenschaftliche oder künstlerische Wert eines Werkes nicht unmittelbar für die Frage der Unzüchtigkeit entscheidend ist, wenn auch unter Umständen mittelbar. So kann der Mangel künstlerischen Wertes mit zu der Annahme führen, daß der Urheber unlautere Zwecke verfolge, auch wird man da schwerer eine künstlerische Tendenz anerkennen. Andererseits wird, je größer der künstlerische Wert ist, das ästhetische Interesse des Beschauers oder Lesers um so stärker in Anspruch genommen, und so wird dadurch die Grenze des Erlaubten im Gebiete des Geschlechtlichen erweitert. Eine Auffassung des Mythos der Jo, wie sie Correggio zeigt, verlangt das Können eines Künstlers allerersten Ranges, um nicht die Grenze des Annehmbaren zu überschreiten.

[178]) RG. vom 4. 1. 1908, JW. 378.

[179]) So zutreffend RG. vom 4. 1. 1908, JW. 378, während andere Reichsgerichtsurteile den Unterschied zwischen dem nackten Körper und seiner Darstellung übersehen, wie RG. 24, 367 und RG. vom 14. 4. 1908, JW. 574.

[180]) Ellis a. a. O. 12 f.

[181]) Vgl. Ellis a. a. O. 85 f.

[182]) Ellis a. a. O. 89, vgl. oben Kap. 3.

[183]) Vgl. Platon, Der Staat, V 20, und Thukydides, Geschichte des Peloponnesischen Krieges, I 6.

[184]) Vgl. hierüber Ellis a. a. O. 91 f., der als Beispiel Naturvölker anführt, bei denen die Männer und Mädchen nackt, die Frauen bekleidet sind. Eine ganz besondere Stellung nehmen die Japaner ein. Sie sind wohl das einzige, ganz bekleidet gehende Volk, dessen Schamgefühl es nicht verletzt, sich vor dem andern Geschlecht ganz nackt zu zeigen, was selbst von den alten Hellenen in viel geringerem Maße galt. Soviel ich weiß, hat keiner der zahlreichen Schriftsteller, die das Anstands- und Sittlichkeitsgefühl der Japaner bei solchen Gelegenheiten rühmen, auf das Besondere dieser Eigentümlichkeit hingewiesen und noch weniger diese Sitte geschichtlich zurückverfolgt. Und doch ist sie um so auffälliger, als die weibliche Tracht die Körperformen viel mehr als bei uns verbirgt, so daß den Japanern vielfach unsere weibliche Kleidung unanständig vorkommt. Auch ist die Dar-

stellung nackter weiblicher Gestalten in der höheren japanischen Kunst nicht üblich und gilt als unanständig. Vgl. Davidsohn im „Globus" 1896 Nr. 16.

[185]) Solche Lehren der Nacktkultur, die uns sehr modern anmuten, sind nichts Neues. Eine alte Doktordissertation von 1738 von Tilemann, betitelt: De eo quod iustum est circa nuditatem, führt einen Schriftsteller an, der lehrte, vollständige Nacktheit sei das Natürliche und lasse die Begierde nicht aufkommen, während diese durch die Verhüllung gereizt werde.

[186]) Kap. 3.

[187]) Anscheinend anderer Ansicht ist Ellis a. a. O. 110 f.

[188]) Zum Beispiel in der sonst zutreffenden E. vom 4. 1. 1908, JW. 378. Ähnlich die viel bedeutendere E. vom 20. 3. 1902, GoltdArch. 49, 138.

[189]) So RG. vom 4. 1. 1908, JW. 378.

[190]) RG. 24, 367, wo die Ausführung übrigens recht unklar ist, RG. vom 14. 4. 1908 und 4. 6. 1909, JW. 08, 574; 09, 512.

[191]) Zuviel läßt von der ästhetischen Wirkung abhängen RG. 24, 367.

[192]) Lipps, Die ästhetischen Grundfragen, 199 f.

[193]) RG. vom 20. 6. 1907 und 4. 1. 1908, JW. 1908, 378.

[194]) Es war also eine Anmaßung, wenn ein Abgeordneter bei der Beratung der Lex Heinze im Reichstage erklärte, die nackten Photographien seien für die Künstler nicht nötig und nur Eselsbrücken.

[194a]) Zu wenig berücksichtigt dies RG. 4. 6. 1909, JW. 512.

[195]) RG. vom 20. 6. 1907 und 4. 1. 1908, JW. 159, 378.

[196]) Das meint Fabreguettes a. a. O. 348.

[197]) VIII 7.

[198]) Vgl. RG. 32, 420 und RG. vom 25. 10. 1905, JW. 1906, 244, beide nur bedingt zutreffend.

[199]) Schauer a. a. O. 60.

[200]) Es ist also unzutreffend, wenn der Abgeordnete Roeren in der Reichstagssitzung vom 6. 2. 1900 meinte, es sei das Schamgefühl der betreffenden Gegend zu berücksichtigen. StB. X. Leg.-Per. I. Session Bd. 5, 3932.

[201]) Richtig Schlecht im Gerichtssaal 40, 22, jetzt auch Olshausen, Kommentar zum StGB. (8), Note 2 zu § 184 a. Vgl. hierzu Frank, DJZ. 1900, 238 und Oppenhoff, StGB. Note 1 zu § 184 a.

[202]) Kap. 3.

[203]) s. Anm. 201.

[204]) RG. 4. 6. 1909 (JW. 512) verlangt, daß bei beanstandeten Darstellungen zunächst, d. h. abgesehen von künstlerischen Rücksichten, der unzüchtige Charakter festgestellt werde. Das ist in dieser Allgemeinheit unrichtig, da sich der Charakter oft erst aus dem künstlerischen Wesen der Darstellung ergibt. Daher empfiehlt es sich meist, sich zunächst darüber klar zu werden, ob künstlerische Rücksichten Platz greifen. Gelegentlich kann auch die Methode des RG. richtig sein. Das hängt lediglich von praktischen Erwägungen ab.

[205]) Die Grenze der Geldstrafe von 1500 M. kommt nicht in Betracht, da die in § 184 angedrohte Geldstrafe nur bis 1000 M. geht.

Alphabetisches Register.

Die Ziffern bedeuten die Seiten; wenn A. davorsteht, die Anmerkungen.

G.

H.

J.

K.

L.

M.

N.

O.

P.

R.

FSC
www.fsc.org
MIX
Papier | Fördert
gute Waldnutzung
FSC® C083411

Kolibri 360 GmbH
Ferdinand-Jühlke-Straße 7
99095 Erfurt, Deutschland
produktsicherheit@kolibri360.de